Faça o seu segundo casamento dar certo

ROSAURA RODRÍGUEZ

FAÇA O SEU *segundo* CASAMENTO DAR CERTO

tradução
Diogo de Hollanda

Academia

Título original em espanhol: Manual para el reciclaje amoroso

Coordenação editorial: Débora Guterman
Assistente editorial: Cristiane Peroni
Capa: Graziella Iacocca
Revisão de textos: Tulio Kawata
Diagramação: Renata Milan

Dados Internacionais de Catalogação na Publicação (CIP)
(Câmara Brasileira do Livro, SP, Brasil)

Rodríguez, Rosaura
Faça o seu segundo casamento dar certo / Rosaura Rodríguez ; tradução Diogo de Hollanda. – São Paulo : Editora Academia de Inteligência, 2009.

Título original: Manual para el reciclaje amoroso
Bibliografia
ISBN 978-85-60096-52-7

1. Casamento 2. Divórcio 3. Recasamento 4. Relações familiares 5. Relações interpessoais I. Título.

09-03476 CDD-306.89

Índices para catálogo sistemático:

1. Casamento : Aspectos sociais 306.89
2. Divórcio : Aspectos sociais 306.89

2009

Editora Academia de Inteligência
Avenida Francisco Matarazzo, 1500 – 3º andar – conj. 32B
Edifício New York
05001-100 – São Paulo – SP
www.academiadeinteligencia.com.br
www.editoraplaneta.com.br
vendas.academia@editoraplaneta.com.br

Sumário

Capítulo 1

Tropecei na mesma pedra

Ninguém está isento de pagar impostos, morrer ou voltar a se apaixonar sem se importar com a idade ou os fracassos acumulados. De certo modo, as três coisas se parecem, porque são sentenças irremediáveis. Porém, para evitar confusões e situações ridículas, acho que o amor deveria ser proibido, legal e socialmente, depois dos 35 anos. É que não é a mesma coisa apaixonar-se com 20 anos e com 40. O frio na barriga se confunde com a gastrite; os suores e calores, com a menopausa; o coração acelerado, com excesso de cafeína, e a sensação de estarmos desorientadas se assemelha mais à possibilidade de Alzheimer que à tolice própria da paixão. Mas devo admitir, ainda que a contragosto, que a intensidade é a mesma, o desejo ressurge intacto e a felicidade nos leva a ver, sem nenhum tipo de ressalva, o mundo inteiro em cor-de-rosa.

Após onze anos de divorciada e uma e outra relação próxima ao amor, eu me considerava vacinada contra esse tipo de situação. Tinha certeza de que o vírus da paixão havia sido erradicado do meu planeta sentimental. Por isso, depois de ir a vários médicos sem detectar sinal de gastrite, de ouvir do ginecologista que ainda era jovem para a menopausa, de ver que, mesmo com café descafeinado, continuava com taquicardia, e constatar que Alzheimer não tinha nada a ver com minha mente dispersa e o ar idiota que se instalou na minha cara, não tive outra saída. Fui obrigada a reconhecer que esses sintomas, agravados por suspiros dignos da era vitoriana, eram típicos de uma pessoa apaixonada.

Minha primeira reação foi muito parecida com a que minhas amigas descrevem ao se ver diante de uma possível gravidez não planejada. A sensação que nos faz exclamar: "Não, não pode ser, isso não pode estar acontecendo comigo, tomei todas as precauções necessárias". Mas estava acontecendo. E, como motivo para fugir não falta, o medo da dor, do fracasso e de perder o controle dos sentimentos e até mesmo a vida me invadiu sem que eu soubesse como combatê-lo. Obviamente, nem me passou pela cabeça a possibilidade de viver tudo isso com a ilusão e a inocência de quando era jovem e bela. Minha ideia era fugir para não tropeçar de novo na mesma pedra.

Não queria, sob nenhum aspecto, voltar a ser vulnerável e perder a paz que havia conquistado com tanto esforço. Estava convencida de que o amor diminui nossa felicidade. Quando eu não estava apaixonada, era 100% feliz onde quer que estivesse. Essa segurança imediatamente sofreu abalos. Devido a esse sentimento que me fazia sentir falta de outra pessoa, cerca de 10 ou 20% de mim não eram mais totalmente felizes. Aliás, eu não sei do que tinha mais saudade, do cara de quem eu gostava ou da certeza de que o amor era uma terra que eu já conhecia e não pretendia visitar novamente.

Assim como anos antes eu ficava debaixo da coberta chorando o fim de um amor, agora me cobria e pensava em dezenas de razões para não me entregar ao sentimento. A primeira, e talvez a mais importante, era ter conseguido algo praticamente impossível para muitas mulheres: estar feliz sem a companhia de um homem. A vida que construí, à custa de esforço e de um conhecimento quase rigoroso de mim mesma, era o mais próximo que poderia haver da perfeição e da liberdade. Não tinha marido, filhos, nem mesmo um cachorro que latisse para mim. Ninguém me dizia o que fazer, aonde ir, e eu não precisava consultar nenhum outro ser humano sobre minhas idas e vindas. Era a senhora absoluta das minhas decisões, do meu presente e do meu futuro. Portanto, diante dos sintomas óbvios de uma paixão, a pergunta obrigatória era: para que complicar minha vida?

A experiência tinha me mostrado que talvez eu fosse daquelas pessoas que não nasceram para casar. O casamento era um filme que eu já conhecia. Não acreditava que a mudança de protagonista fosse fazer muita diferença. Minhas amigas que eram casadas e felizes – felizes entre aspas, pois, como disse Gabriel García Márquez, "nada se parece mais com o inferno do que um casamento feliz" – confirmavam que a vida a dois não era bem o que eu sonhava. Depois de onze anos sozinha, a ideia de dividir meu banheiro, minha cama, minha cozinha, minhas viagens, minhas amizades, meus momentos familiares e um sem-fim de outras coisas era tão impensável como a de me mudar para China. Além do mais, não seria nem viável, pelo simples fato de no meu *closet* não haver espaço para a roupa de outra pessoa. Para mim, o amor havia se transformado numa invasão de meus espaços vitais e não tão vitais. E eu não estava disposta nem preparada para isso.

Com seus constantes conflitos conjugais e o desabafo crônico de que "casamento é muito difícil", minhas amigas casadas também não me ajudaram muito ao longo dos anos. Mais de uma vez me vi no meio de suas desavenças matrimoniais, intercedendo em favor de uma das partes. Em todas essas ocasiões, minha conclusão foi sempre a mesma: graças a Deus, eu não tenho marido. A mesma coisa em relação aos filhos. Agradecia por não ter de lidar com as caóticas entradas nos colégios, as adolescências pavorosas e a paternidade culpada com que minha geração educava.

As que ousaram voltar a brincar de casinha depois de um divórcio ou as que, solteiras, casaram com um divorciado me davam mais medo ainda. Aí sim a situação era difícil. Como se não bastasse um marido e os próprios filhos, a vida delas agora incluía enteados, ex-mulher, ex-sogra, ex-cunhados e todo um conglomerado que só tinha o título de ex por questões legais, já que a dura realidade era que permaneciam na vida do marido como um presente implícito, e não um passado sepultado.

Nesta idade e nestas circunstâncias, o amor estava mais para maldição do que para o belo e poderoso sentimento que move o mundo. Ter passado dos quarenta, claro, não ajudava em nada. A maravilhosa maturidade, de que estava tão orgulhosa, era minha pior inimiga. Se somasse a ela minha experiência e as estatísticas, o cenário era bem diferente do que o de um conto de fadas.

De acordo com um estudo da revista *Psychology Today*, publicado alguns anos atrás, 60% dos segundos casamentos fracassam. As razões são muitas, mas, segundo o trabalho, a principal delas é que os casais cometem os mesmos erros do primeiro matrimônio, por não terem superado a separação. Para os que conseguem digeri-la, o desafio é lidar com uma relação que mais parece uma prova de sobrevivência do que o paraíso. Os problemas surgem de todos os lados e o amor se vê constantemente ameaçado por sentenças como: "Até que sua ex nos separe"; "Até que seus filhos nos separem"; "Até que o dinheiro nos separe"; "Até que minha sogra ou sua ex-sogra, mãe da ex, nos separe". Ou seja, a morte é a última coisa que pode acontecer com você em um segundo casamento. E, considerando as outras opções, é a menos conflituosa e, portanto, a mais conveniente.

As estatísticas sobre mulheres divorciadas também me favoreciam na luta para me convencer de que um segundo casamento não combinava com minha natureza. Entre as mulheres separadas, 65% das que não se casaram em cinco anos nunca mais se casam. Era o meu caso. Tinha vivido esse período em dobro. Significava que as probabilidades de eu cogitar um segundo casamento eram as mesmas de um raio cair na minha cabeça. Ou, para ser mais positiva, de eu ganhar na loteria. E ninguém, evidentemente, sai por aí tomando cuidado com raios ou joga na loteria com a certeza de que vai ganhar. Da mesma forma, eu estava convencidíssima de que o amor e suas caóticas consequências (falo do casamento) não voltariam a fazer parte das minhas opções, pelo menos nesta vida. Era isso que diziam os estudos que eu considerava uma Bíblia. Afinal de contas, há muitos anos eu tinha deixado de ser parte dos convencionalismos culturais e sociais para me tornar membro ativo das estatísticas. Sou parte do percentual de mulheres divorciadas, das mulheres que decidiram não ter filhos, das que não se casaram novamente e até mesmo do percentual de pessoas, não apenas mulheres, que escolheram um trabalho pouco convencional. Ou seja, as estatísticas precisavam de mulheres como eu para existir e, até este momento, cumpri integralmente meu papel no mundo das pessoas que fazem tudo ao contrário.

E digo ao contrário pois o que até então me parecera uma conquista – não ter sucumbido ao amor e ao casamento –, para minha família e meus amigos afrontava as leis de Deus e dos homens. Para eles, sempre me faltava alguma coisa (leia-se marido). Parecia impossível que eu pudesse ser feliz sem outra pessoa. Diziam que Deus criou Adão e Eva porque esse era o estado perfeito. Mas eu não podia deixar de lembrar que, no momento em que o criador formou o famoso casalzinho, os problemas começaram no paraíso. E as consequências foram tão funestas que resultaram no pecado original. Mas isso não era nada. Se eu me desse ao trabalho de falar da primeira mulher de Adão, Lilith, o cenário seria ainda pior. Sim, esse primeiro homem também teve uma ex que, quando ousou reivindicar seu direito de igualdade, foi mandada para o fundo do mar. Portanto, pensar na Bíblia como resposta às minhas dúvidas não ajudava muita coisa. Ao contrário, confirmava que viver a dois é tão difícil que nem mesmo Deus conseguiu preservar a paz e a felicidade no primeiro nem no segundo casamento de Adão. Os que recorriam à sabedoria da natureza e ao imperativo do acasalamento também não me convenciam a sair em busca da minha cara-metade. Eu julgava a natureza sábia justamente por unir macho e fêmea com o propósito único de procriar. Depois, cada um vai para seu canto sem ter de assinar papel, decidir quem fica com as crias e nenhuma culpa por estar destruindo a sagrada instituição da família.

Graças ao tempo e ao hábito, depois de mais de uma década de solidão conjugal, tanto minha família como meus amigos deixaram de me perturbar com conversas de amor e casamento. Deram o caso por perdido. Cheguei a convencê-los de que era a melhor coisa que podia acontecer para todos. Tinham a irmã, a filha e a tia perfeita, porque nunca criava problemas familiares. Não havia um marido que resolvesse passar o Natal com sua família ou que não pudesse tirar folga quando os eventos familiares exigissem. Eu era a dona da minha vida e, portanto, ia aonde queria e quando me desse vontade. Meus amigos também aproveitavam essa liberdade. Levavam-me para todo canto sem jamais me ouvir dizer: “Deixa eu ver se meu marido está a fim”. De certa forma, eu era um partido unitário e, como tal, não precisava dividir com ninguém o poder de decisão.

Por que eu desarmaria um quebra-cabeça que finalmente havia se ajustado com perfeição para, mais uma vez, ter de encaixar peça por peça? Minha mente dizia que só mesmo sendo idiota para abandonar minha paz e minha tranquilidade e começar a fazer malabarismo com umas peças de vida muito mais complicadas. Peças que, para encaixar, demandavam trabalho, dedicação, paciência, entre outras coisas. Afinal, para um segundo casamento dar certo, não basta ter paciência. É preciso lançar mão de todas as virtudes que impliquem sacrifício. Mas eu estava descobrindo que o coração não sabe o que é maturidade. Sofre do complexo de Peter Pan. Enquanto tudo em nosso corpo envelhece e se entrega ao tempo, o coração se mantém intacto perante as emoções. Com a irresponsabilidade própria das pessoas que se negam a crescer. Às primeiras investidas do amor, a mente dispara um sinal de alarme com milhões de sirenes que, convertidas em pensamentos, nos fazem agir como corretoras de seguros. Calculamos riscos, custos e tudo que pode dar errado, na ânsia de ter uma apólice emocional que garanta o bem-estar desse coração irresponsável, empenhado em nos vender, mais uma vez, um conto de fadas, por mais desvalorizado que esteja.

Contos de fadas

Nesta idade é muito difícil acreditar nos contos de fadas e, muito mais, achar que podemos protagonizar um deles. Em primeiro lugar, porque não existe conto que comece dizendo: "A princesa era uma quarentona de uma beleza que deve ter sido impressionante antes de a lei da gravidade fazer estragos em seu corpo. Em seu rosto ainda restam vestígios de uma pele viçosa mantida à base de cremes, *laser* e botox. Sua tez branca exibe as manchas do tempo e em seu cabelo (não se sabe mais a cor original) misturam-se fios brancos com o matiz dourado das luzes".

Este seria apenas o triste início da história. Dependendo do conto de fadas, a adaptação teria outras variantes. Se escolhêssemos Cinderela, com certeza a versão madura da princesa não viveria mais com a madrasta má. O papel caberia a um chefe insuportável, que a obrigaria a fazer hora extra, não pagaria o que ela merece (pelo fato de ser mulher) e ainda por cima a assediaria de forma escancarada. Outra possibilidade seria ter um ex-marido no lugar da megera. Ameaçando cortar nossa pensão e ficar com a guarda das crianças, ia nos fazer sentir que não servimos nem mesmo para ser mãe. Sua nova mulher se empenharia em despertar a bruxa que todas temos dentro de nós e nossos filhos nos olhariam como se fôssemos a culpada pela ruína da família.

No caso da Branca de Neve, seria mais difícil desempenharmos o papel. Não acredito que, quando a nova esposa perguntasse se existe no mundo mulher mais bonita do que ela, o espelho seria tão equivocado a ponto de citar nosso nome. A não ser que dissesse: "Rosaura. Está meio caída, mas já deu um caldo". Mesmo sendo um conto de fadas, duvido que a resposta fosse essa. Aliás, se for para dizer isso, prefiro até que o espelho fique calado. Também acho meio complicada a história de morder uma maçã envenenada, já que nossa dieta nos proíbe terminantemente de beliscar entre as refeições. E não só isso: para compensar a gordura que se esforça em nos vestir não exatamente de princesas, o máximo que podemos é comer uma vez ao dia. Quanto aos anões, poderiam ser os homens com os quais tentamos refazer nossa vida amorosa. Merecem o tratamento por nunca terem estado à altura das circunstâncias. As características pelas quais se destacavam – Zangado, Soneca e assim por diante – seriam substituídas por atitudes mais afinadas com os tempos, como o agressivo, o egoísta, o imprestável, o traste, etc. etc. e centenas de etcéteras, porque eles sempre aparecem cheios de defeitos e malandragens.

Também não acho muito possível o final da Branca de Neve. Estou falando de ficar, devido ao veneno, adormecida por um tempo indeterminado até a chegada do príncipe. A verdade é que, nesta idade, não há Activan ou Valium que nos faça dormir uma noite inteira – o que dirá durante semanas. O que a Bela Adormecida faz está muito longe de parecer com a nossa história, porque falar de um sono tão demorado significaria entrar no tema da reencarnação e se há ou não vida depois da morte. Além disso, já dizem que não se deve dormir sobre os louros ou que quem dorme no ponto acaba perdendo o trem. As mulheres de hoje sabem que, se ficarem à espera de um príncipe, é possível que ele não chegue porque os homens são lentos por natureza. Portanto, que fique claro que, na maioria das vezes, tudo depende de nós e não é dormindo que vamos conseguir alguma coisa, a não ser transmitir a impressão de que estamos passando por uma tremenda depressão.

O aspecto em que esses contos de fadas podem ser adaptados à nossa realidade é a forma como o príncipe chega. Não me refiro à sua estirpe ou ao cavalo, mas à probabilidade de que surja com uma situação econômica mais confortável do que quando tínhamos 20 anos. Confortável pela estabilidade, não pela quantidade, pois o mais provável é que pague pensão e que tenha sido obrigado a dividir tudo o que possuía quando a primeira história terminou. O que nos faz lembrar, sem nenhum tipo de ressalva, que os finais felizes dos contos de fadas são uma baita mentira. E a grande maioria das pessoas sente isso na própria pele.

Também por experiência própria, sabemos que não existe o amor da nossa vida, a alma gêmea ou o príncipe encantado. Quando falamos no amor da nossa vida, por uma estranha razão que ainda não consegui descobrir, sempre nos referimos a alguém que não se encontra mais na nossa existência: um sujeito que morreu, nos abandonou ou que conhecemos na hora errada e, por isso, não rolou. A conclusão é que, para um homem ser o amor da nossa vida, o primeiro requisito é ele estar ausente. A alma gêmea, sim, exige a presença do indivíduo para conseguir seu objetivo amoroso. O problema é que ela não tem futuro garantido e pode se diversificar. Pelo menos é o que mostram artistas e celebridades, que dizem ter encontrado suas almas gêmeas toda vez que se casam, não importa quantas vezes tenham passado pelo altar ou pela justiça. Sempre têm uma alma gêmea na manga, como se o amor fosse uma dessas fertilizações *in vitro* que resultam em mais de três embriões. No caso dos príncipes encantados, o aumento dos divórcios mostra que a história funciona ao contrário. Depois de o beijarmos e convivermos com ele por um tempo, vemos que o príncipe tende a se transformar num sapo – ou em algum outro animal. Alguns não passam de ratos; outros, embora muito poucos, viram magníficos exemplares de alces, pelos chifres que passam a ter.

Depois de aceitar resignadamente que os contos de fadas, assim como o tempo e os homens, não têm consideração com as mulheres da minha idade, não me restava outra opção a não ser viver a minha própria história. Para começar, teria de reconhecer que um só homem não pode reunir os atributos de príncipe encantado. A única forma de conseguir isso seria juntando vários homens para chegar a algo próximo da perfeição. Mas aí minha história ficaria mais parecida com a do Frankenstein, que, vamos combinar, acabou virando uma trama de terror. Além do mais, eu não podia ignorar que a idade não ajuda. O trem apita anunciando que, de repente, este espécime masculino pode ser a última oportunidade e, embora não apresente todas as qualidades, é preciso reconhecer que também não tem todos os defeitos. Não que eu pense que a velhice não combina com o amor – o coração, como disse, não envelhece –, mas me dá uma preguiça enorme ter de lidar com um príncipe entrado em anos, cheio de manias e neuras, uma vez que a velhice não é mais do que a confirmação dos nossos defeitos.

Meu cansaço emocional vinha mais de ter de me juntar, não com o equivalente a um príncipe encantado, mas com o pai dele. Só de pensar em tudo que meu casamento implicou – do pouco que me lembrava, tenho de admitir –, ficava exausta com a ideia de começar novamente. Os sinais de alarme que meu cérebro me enviava misturavam-se a outros, implacáveis, que chegavam da realidade cotidiana.

O INFERNO É O MESMO, O DIABO MUDOU

"O amor transforma nossas vidas e nos une a outras pessoas." Li esta frase num livro que comprei achando que me ajudaria a lidar com meus medos em relação ao amor. O efeito não poderia ser mais oposto. Segundo o dicionário, a palavra transformar significa "dar a uma pessoa ou coisa uma forma diferente da que tinha antes – mudar". Ou seja, tudo que eu não estava procurando. Para que eu queria mudar minha vida se estava ótima daquele jeito? Além disso, eu não precisava me unir a outras pessoas. Já tinha declarado oficialmente à minha família e a meus amigos que não estava a fim de novas amizades. Eles eram suficientes. Já havia preenchido a cota de pessoas nas quais poderia investir tempo, emoções e apoio. Uma pessoa a mais, sem sombra de dúvida, me levaria a um ponto de incapacidade amorosa. Portanto, segundo a descrição do livro, o que o amor fazia era empurrar alguém novo para sua vida. Considerando esta premissa, nem precisava acrescentar a promessa de transformação. Qualquer mulher que tenha sido casada ou tenha vivido com um homem sabe que os maridos não pretendem transformar nossa vida. O que eles querem é que a gente deixe de ter uma vida para se dedicar a eles por completo.

Verdade seja dita: os livros sobre amor e relacionamentos não eram os melhores conselheiros para encorajar uma mulher a um segundo casamento. Independente de ser o primeiro, o segundo ou o terceiro, o amor sempre tinha sofrimento implícito. Quando a mulher não morria, queria se matar. As que decidiam continuar vivas tinham de enfrentar todo tipo de obstáculo para alcançar a felicidade. No fim, ninguém sabe se elas conseguem ser felizes ou se estão tão cansadas de lutar que se conformam.

Os livros que se propõem a nos ajudar a ter uma segunda relação mais bem-sucedida coincidem em um ponto: trabalho, trabalho e mais trabalho. É preciso trabalhar muito, arduamente, quando se quer, nem mesmo ser feliz, mas simplesmente levar a relação adiante. Esta recomendação deitava por terra o único aspecto atraente que eu identificava no amor nesses momentos. Depois de onze anos trabalhando, não por um relacionamento, mas para poder pagar minhas contas, eu adoraria que aparecesse alguém que me sustentasse, econômica e emocionalmente. O que eu queria era justamente parar de trabalhar e, pelo visto, isso não estava garantido se eu voltasse a me casar. Estava farta de trabalhar para me manter, para que tudo funcionasse em casa, para que a bunda e os seios não caíssem, e até para as pessoas não notarem minhas rugas e meus cabelos brancos. E agora esta nova cultura amorosa sugeria que eu também trabalhasse para a relação dar certo. Era o cúmulo dos cúmulos. Quando terminou a época em que os relacionamentos simplesmente aconteciam?

Se os livros não ajudam, imagine os filmes. Nenhum retrata o amor de forma fácil. Não existe a fórmula do homem e da mulher que se conhecem, se apaixonam, se dão maravilhosamente bem, se casam, são felizes e morrem. Nos segundos casamentos, a situação é tão caótica e desesperada que, em *Lado a lado*, a única saída para Julia Roberts ser feliz com seu marido divorciado foi um câncer fulminante que matou a primeira mulher dele. Se não matassem a Susan Sarandon, a ex, o casal jamais teria tido um final feliz. Este é o caso em que o "Até que a morte os separe" cai com perfeição – não para a felicidade do casal original, mas para o sucesso do segundo casamento.

A rádio também, em 90% dos casos, avisa que quem se meter na loucura de amar deve estar ciente de que o sofrimento é parte essencial do processo. É preciso ficar dias ouvindo música para encontrar uma que fale bem do amor. Para os compositores, estar apaixonado não tem nada a ver com ficar com a pessoa amada e muito menos ser feliz. Para a maioria deles, amar é chorar a ausência da outra pessoa, estar magoado por seu esquecimento, sofrer, cortar os pulsos de saudade, e todas as outras consequências de não estar com quem se ama.

Os sinais de perigo estavam por toda a parte, anunciando o desastre e lembrando o fracasso da maioria das pessoas que ousaram acreditar novamente na eternidade do amor. O pior de tudo é que, às vezes, eu esquecia que não havia sequer necessidade de me contarem como seriam as coisas. Eu já tinha vivido aquilo, já tinha protagonizado uma história de amor falida. O "para sempre" passa a ser "enquanto dure". A vida com outro ser humano tem de tudo, menos facilidade.

Eu só precisava lembrar. E, se não lembrasse – já que o esquecimento é uma magnífica forma de juízo –, recorrer às minhas amigas casadas para reconhecer os problemas cotidianos da vida a dois. Se comparava minha vida à delas, concluía que a minha era, não sei se mais feliz, mas pelo menos mais tranquila. E, o melhor, inteiramente minha. Eu estava sempre pronta para fazer o que bem entendesse. Se chegasse à minha casa e não quisesse cozinhar, tudo bem. Tapeava a fome com um cereal, sem ter de pensar no que os filhos e o marido comeriam. Se caísse na esbórnia, não precisava madrugar no dia seguinte para cuidar da prole. Também não tinha por que sair cedo de festas ou reuniões para não voltar para casa tarde. Não era obrigada a tolerar, só por amor, sogra e família alheia.

Se eu quisesse comprar alguma coisa não havia discussões sobre o dinheiro nem me preocupava em ter a aprovação da outra metade. Também não sentia culpa pelo par de sapatos desnecessários nem me via obrigada a adquiri-los pelas costas de um marido.

Sem falar dessas pequenas atitudes masculinas das quais quase nenhum homem escapa e que conseguem nos tirar do sério. A minha casa não tinha cueca jogada no chão, tampa de privada levantada, pasta de dente aberta e toalhas molhadas toda vez que um sujeito lavasse o rosto ou escovasse os dentes. No meu caso, se brigasse com meu namorado, batia a porta na cara dele e ia para a minha casa – ou mandava-o para a dele, com um desses gestos dramáticos que nós mulheres adoramos. Dormir com alguém que se está odiando é chatíssimo e tropeçar o tempo inteiro com a figura não é o mais aconselhável. Mesmo que seja por pouco tempo, é como ter um inimigo em casa. Ou seja, o controle estava em minhas mãos – e não só o da minha vida, mas também o da televisão.

Como se os problemas da vida diária não bastassem, as mulheres casadas também vinham com constantes queixas de teor existencialista. Que o sujeito não me escuta, que parece que eu não existo para ele, que sempre chega cansado ou estressado, que não me apoia, que não transamos o suficiente. Eu não tinha esse tipo de questão porque o namoro é o estado ideal. Nenhuma dessas carências ocorre quando uma pessoa não assinou um papel. "A rotina acaba com tudo, até com a paixão mais intensa", me disse um amigo que, com esta desculpa, continuava casado, mas chifrando a mulher a torto e a direito. Segundo ele, sua sociedade não era matrimonial, mas patrimonial. Para que iria se separar se a história se repetiria da mesma forma e a única coisa que conseguiria seria se descapitalizar a cada divórcio?

Claro que sua atitude me dava vontade de matá-lo, mas a frase inicial me lembrava outra que escutei muitas vezes ao longo da vida: "Casamento e mortalha no céu se talha". Durante anos achei que o significado tinha a ver com o fato de tanto a morte como o casamento estarem predestinados na vida de um ser humano. Porém, depois do meu divórcio e de ouvir inúmeras histórias de casamentos fracassados, concluí que o ponto em comum entre as duas coisas é que em ambas sempre há um morto.

Então, por que ser assassina de outro amor? Já não bastava ter matado um? Aparentemente não. Estava descobrindo que, se até então eu tinha me mantido imune às propostas de casamento que me foram feitas após meu divórcio, não fora por inteligência e, muito menos, força de vontade. A verdadeira razão era que, até aquele momento, eu não tinha voltado a me apaixonar. Isso mesmo. Simples, fácil e assustador. Cupido me flechou (ai, que brega, mas faz parte de estar imbecilizada) e nesta idade as feridas e as doenças demoram mais a sarar. O desequilíbrio hormonal e emocional é tamanho que até a temida velhice – da qual fugimos e tentamos nos livrar com todo tipo de trapaça – nos parece atraente. Pois é, na falta desse projeto comum de construir a vida ao lado da pessoa com quem sonhávamos nos primeiros anos da juventude, nos agarramos à encantadora ideia de envelhecermos juntos. Estava tão perdidamente abobalhada que me parecia doce um futuro cheio de fraldas geriátricas, comprimidos para prisão de ventre e até Viagra.

De repente, fez sentido a frase que ouvi de algumas amigas e da minha irmã Soqui. Eu sabia que estava apaixonada porque, ao lado desse homem, desejava envelhecer, o que até seis meses antes me causava pânico. Via-me perfeitamente com ele, lendo na varanda, viajando, conversando e fazendo todas essas coisas que os velhinhos fazem (lentamente, mas fazem), sem me importar com rugas, cabelos brancos, pele ressecada e carnes flácidas. Para meu próprio assombro, queria trocar minha liberdade pela velhice. Pelo menos era essa minha horripilante conclusão diante dos sentimentos que me tomavam. A única explicação lógica era a loucura. Estava rematadamente louca e – em vez de matar moscas imaginárias, como as doidas das novelas – tinha cismado com essa história de amor.

A perda da razão explicava tudo. Só assim se pode casar nesta idade, depois de ter passado por isso sem nenhum sucesso. Para meu primeiro casamento, tive a desculpa perfeita da juventude, sua deliciosa inconsistência e a virgindade emocional que me fazia acreditar nos contos de fadas. Dessa experiência ficou a certeza de que viver junto era árduo, que talvez nem todo mundo tenha nascido para casar e que eu fazia parte desse "nem todo mundo".

Mas, enquanto o desequilíbrio amoroso era leve e controlável, tinha sido fácil lutar e reafirmar minhas convicções. Não sabia se pelo fato de tudo ser mais difícil depois dos quarenta ou se por uma espécie de cegueira que não me deixava ver além do meu nariz, eu estava fora de controle e continuava no mundo sem fôlego da indecisão. Minha cabeça e meu coração viviam em guerra e eu lembrava muito os casais em vias de divórcio. O medo se instalou em todo o meu corpo como um hóspede incômodo disposto a me encher de dúvidas. No fim das contas, eu já não era uma virgem emocional (de nenhum tipo, na verdade) e a lógica me dizia que só mesmo estando muito perdida para repetir os erros da minha juventude. Mas dizem que o homem é o único animal capaz de tropeçar duas vezes na mesma pedra e eu estava a ponto de comprovar essa teoria.

Capítulo 2

Onde está o manual de instruções?

Esta era a pergunta de um milhão de dólares quando eu pensava na possibilidade de um segundo casamento. A primeira vez que subi ao altar foi bastante fácil, pois existia, como ainda hoje existe, uma espécie de manual com o passo a passo para se casar e viver a dois. Mulher conhecia homem; apaixonavam-se; comprometiam-se; casavam-se e juntos criavam uma família. Não havia dúvidas, e as poucas que apareciam eram reflexo do nervosismo e da tensão acarretada pela organização de um casamento.

As etapas a cumprir eram claras e o ritual do casamento era seguido ao pé da letra. Meu único questionamento na primeira vez foi a quantidade de convidados e o costume, de péssimo gosto, de chamar algumas pessoas indesejadas. Exceto isso, todo o resto me pareceu absolutamente normal. Para o segundo casamento não havia um modelo a seguir. Evidentemente, muita gente já tinha feito cerimônias muito parecidas com a original – a grande maioria sem o padre, mas outras repetindo o espetáculo graças a uma anulação eclesiástica.

Minhas dúvidas começavam com quem pagava o casamento. Óbvio que já não era o pai da noiva. O coitado não tinha mais por que arcar com os custos de cada erro da filha. Se não, imagine o prejuízo do pai da Elizabeth Taylor ou da Jennifer Lopez. Desta vez, os gastos ou eram assumidos pelo casal ou por apenas um dos noivos. Pesquisando sobre o tema, soube que qualquer uma das possibilidades era aceitável e não existia um pagador oficial para as segundas núpcias.

Continuando na questão das tradições e no que elas simbolizam, são muitas as mulheres divorciadas com suficiente bom-senso para não subir ao altar vestidas de branco. Afinal, a cor representa a pureza da noiva – ou, o que dá no mesmo, a virgindade. E esta, convenhamos, já desapareceu há muito tempo, a não ser que a mulher tenha operado para sentir novamente a dor causada por um marido agradecido. Graças a Deus, nem todas somos masoquistas e a verdade é que chegamos ao segundo casamento sem nenhum tipo de virgindade: vaginal, mental e muito menos emocional. Portanto, a cor creme, pérola ou qualquer tom pastel tornam-se os mais adequados, segundo os especialistas. Acho que o véu, que da mesma forma representa virgindade, também não é bem-visto, pelas razões já expostas anteriormente. As noivas que ousam usá-lo num segundo casamento são consideradas infantis, para não dizer ingênuas.

Também há dúvidas sobre quem leva o noivo e a noiva ao altar. Eu tinha entendido que entrávamos na cerimônia de braço dado com o pai ou a mãe, um símbolo de que passávamos deles para o novo marido. Como se, figurativamente, nossos pais nos conduzissem da vida que tivemos ao lado deles para a nova etapa que se iniciava com a outra pessoa. Se era isso mesmo, a situação ficava complicada para mim, porque só me restavam duas opções. A primeira era meu ex me entregar. Isso seria lógico, considerando que a transição era de uma vida para outra. Afinal de contas, eu já havia saído dos meus pais para ele e por isso achava que meus velhos não tinham mais nada a ver com a nova mudança. Cheguei a esta conclusão quando meu ex se casou. Fiquei muito tempo sentida, pois achava que eu devia ter sido a pessoa encarregada de entregá-lo à nova mulher. Entretanto, ele disse que isso não seria bem-visto e que não podia sequer me convidar para o casamento. Continuo pensando que não foi legal da parte dele me privar do papel que me correspondia como uma ex que concordava com a união e se alegrava com a perspectiva de ele iniciar uma nova vida ao lado de outra mulher. A segunda possibilidade era de eu chegar ao altar sozinha, porque era assim que vivia na época. A não ser que, por justiça, toda a minha família e meus amigos pudessem me levar. Eram eles que já estavam me aguentando há onze anos, me carregando de um lado para o outro. Seria natural que todos juntos me acompanhassem ao altar e me entregassem ao meu futuro marido.

Aparentemente não era possível chegar a um acordo nesse tema e a decisão foi voltar ao modelo inicial. Acho que tem a ver com a ideia de que as separações civilizadas são um sonho que raramente se torna realidade. Portanto, os pais continuam à frente da tarefa, com novas versões que considero bastante cafonas, como as que contam com a participação dos filhos dos noivos. Parece uma forma sutil de dizer ao outro que não está casando apenas com o noivo ou a noiva, mas sim com toda a prole. O sonho inalcançável da família unida e feliz.

De resto, a maioria das tradições do primeiro casamento continua a valer nos segundos, terceiros e nos que vierem, embora o simbolismo original tenha se perdido. A noiva leva alguma peça azul, que representa a fé de que o homem vai fazê-la feliz para sempre. Penso que, nos segundos casamentos, deveríamos adotar um azul bem escuro, quase preto, já que, se estamos repetindo a experiência, deve ser por culpa de uma cegueira absoluta. Para não sermos tão pessimistas, talvez caia bem um azul que combine tons claros e escuros, assim como nossas expectativas, que se alternam entre a confiança e a dúvida em relação à possibilidade de tanta beleza. Também se costuma usar alguma coisa velha, que representa a promessa de nunca esquecer a família original. Geralmente é um item que nos recorda nossos laços familiares. Creio que, para as segundas núpcias, seria preciso levar dois: um da família original e outro da segunda família. Neste caso, não sei se a lembrança deve ser algo que pertenceu ao ex ou que ele tenha nos dado quando ainda fazia parte da nossa família. O que é fundamental é vestir alguma coisa nova, não importa quantas vezes você tenha casado. Simboliza um recomeço ao lado do novo amor. Por via das dúvidas, eu jogaria um pouco de água-benta, rezaria, faria despachos, mandaria benzer e tudo quanto fosse necessário para evitar qualquer tipo de maldição. As coisas emprestadas, que dizem trazer boa sorte porque representam a amizade, também devem ser usadas em abundância, sobretudo se vierem de gente que passou pela mesma experiência. Vamos precisar de muitos veteranos para nos ajudar numa caminhada para a qual não existe um manual de instruções reconhecido pela Real Academia da Reciclagem Humana.

Reciclado, complicado

Para a minha mãe, a palavra reciclar significava ajeitar meus vestidos e uniformes do colégio para minha irmã Soqui usá-los. Também queria dizer que, se sobrasse muita comida, ela voltaria à mesa com inúmeras variações até ser totalmente consumida. O magistral uso da reciclagem ainda é muito frequente no Natal, quando o peru de 24 de dezembro retorna nos dias seguintes como sopa de peru, sanduíche de peru, mexido de peru, até o ponto em que o gosto ficará mais parecido com o de outro animal.

Reciclagem para minha mãe não passava disso. Aliás, tenho certeza de que ela nem conhecia essa palavra, bastante nova entre nós, apesar de ser uma prática antiga. Evidentemente, nunca passou por sua cabeça que sua filha pertencesse ao mundo da reciclagem. Roupa usada e restos de comida não podiam estar à altura de sua menininha adorada. Lamentavelmente para ela, no imprevisível mundo das relações atuais, ela teve de se acostumar à reciclagem matrimonial. Começando por sua própria filha.

Para minha mãe, nenhuma dessas mudanças foi fácil. Sempre houve muita clareza sobre o que se esperava dela em um casamento. A página um do manual já dizia: tinha de ser para toda a vida. Era obrigada a aguentar o que fosse porque seu vínculo com meu pai não se romperia senão no caso de uma morte. Esta sentença de eternidade até trazia paz, pois as mulheres sabiam que, acontecesse o que acontecesse, o marido não as abandonaria – e a possibilidade de serem elas as desertoras nem passava pela cabeça das esposas. Às mulheres que sofriam, não restava outra opção que pedir a todos os santos despacharem o marido para o céu. Não havia nada de pecaminoso nesta prece, considerando que o marido estaria sempre melhor ao lado de Deus. É óbvio que, depois que esse poço de grosseria e defeitos estivesse morto, a última coisa que as viúvas desejariam era voltar a sentir os dissabores da vida matrimonial. Ainda mais se, na viuvez, todos os bens dos maridos passassem a ser oficialmente delas. Não havia brigas para dividir o patrimônio e, muito menos, para ver quem ficava com os filhos. Comprometiam-se com certo número de visitas aos fins de semana e datas especiais, mas para ir ao cemitério.

Se o marido ousava morrer de velho, também não havia muitos sobressaltos. Com resignação, a mulher suportava seu destino, criava os filhos, assumia a casa e tomava as decisões corriqueiras da vida cotidiana. Coisas como o menu das refeições e o dia a dia das crianças. As grandes decisões, como o que fazer com o dinheiro, o futuro dos filhos e todas as mudanças fundamentais da estrutura familiar – absolutamente todas – eram responsabilidade do homem. Se os filhos tivessem problemas, cabia ao pai resolver os mais importantes, pois era ele quem tinha o domínio da autoridade. Por mais oposição que uma mulher fizesse a algo relativo aos filhos, não tinha voz nem voto capazes de produzir mudanças. Seu trabalho mais importante era manter as coisas numa boa, e a forma mais efetiva para isso era, e continua sendo, a submissão e o sofrimento. Por isso não há muitas histórias sobre os conflitos familiares da época dos nossos avós e até mesmo dos nossos pais, embora a gente saiba, por experiência própria, que não era plausível ser tudo tão maravilhoso e que, na prática, é no mínimo impossível não odiar a sogra ou alguém da família do marido. Mas nossas mães e avós sabiam o que fazer até mesmo com o ódio: escondê-lo e engoli-lo em seco.

Para nós, divorciadas novamente rumo ao matadouro, ninguém dá um manual sobre como agir diante de uma nova família e de um casamento que difere muito do primeiro. Com malabarismo, conseguimos superar a cerimônia que nos dá a condição legal de nova esposa. A partir daí, é o mesmo que chegar a um baile que começou anos atrás. Sim, a festa tem um príncipe encantado, mas não do tipo que vive sozinho. Ao contrário, está cercado por mais de uma bruxa e, para piorar, também tem filhos. Se a Cinderela vivesse essa história, veria que não poderia esperar a meia-noite para dar no pé; qualquer hora seria boa para tirar os sapatos e correr o mais rápido possível dessa trama de horror. Ou talvez fosse melhor seguir o exemplo da Bela Adormecida: dormir até a chegada de uma outra vida em que apareça um príncipe zero quilômetro.

Que desânimo, que cansaço, que desgraça. O que eu fiz para merecer esse castigo? Logo eu que sou o suprassumo dos divorciados, já que não tive filhos, não tenho contato com meu ex e muito menos com a família dele. Eu, que em minhas circunstâncias de divorciada sou mais parecida com uma virgem e que sonhava ser abençoada por um homem que, por estar na meia-idade, não tivesse pais e aparecesse com filhos já casados que me dariam a felicidade de ser uma avó jovem, sem as dores de cabeça da maternidade. Então, em que momento meu anjo da guarda parou de me escutar e cometeu este erro tão grande de me enviar um príncipe com ex, filhos, pais, pais da ex que continuam sendo avós das crianças, ex-cunhados que continuam sendo tios, e amigos que não sabem de que lado estão? Meu Deus, o que é que se faz com tanta gente que não tem nada a ver com você, mas que possui a habilidade de infernizar sua vida?

Eu não sabia. E o tema – ninguém duvida – é digno de pesquisa. Porém, antes de enfrentar esse touro (a melhor imagem, aliás, são as festas de Pamplona, com centenas de touros correndo atrás de você), eu precisava superar a angústia, a ansiedade e o pânico que me paralisavam.

Motivos para fugir não faltam

Não posso negar que fui uma virgem sonhadora, com a inocência de quem desconhece a dor e a desilusão. Acreditava nas histórias de amor, nos finais felizes e achava que, se você persistisse e se empenhasse, certamente seria bem-sucedida. Eram mentiras absurdas, e ninguém precisou me falar isso, senti na própria pele. Estava lá e fui testemunha ocular dos fatos ocorridos. Por isso, ninguém mais pode vir com histórias para mim e muito menos eu posso enganar a mim mesma dizendo que tudo parecia um mar de rosas. Afinal de contas, gato escaldado tem medo de água fria.

É por isso que pensar em um segundo casamento é aterrador. Nossa única certeza é a de termos errado na primeira vez. Diante disso, a pergunta obrigatória é: quem me garante que não vou errar novamente? Pelo visto, eu não era dessas mulheres que têm a sorte, ou a habilidade, de prever o destino e dizer com toda a convicção do mundo: "Estou convencida de que ele é o amor da minha vida". Definitivamente, não tinha vocação para vidente. Por mais que procurasse essa sensação que muitas mulheres me descreveram – uma certeza, que lhes fala ao coração, de que encontraram a pessoa certa –, eu continuava da mesma forma. À espera de um sinal, escutava e escutava o meu coração, mas nada. Concluí que tinha um coração pouco solidário. Ou, então, que é muito fácil se vangloriar de ter feito a coisa certa quando, depois de um tempo, tudo acaba correndo bem.

Mas, quando as coisas dão errado, o medo de repetir os mesmos erros é o primeiro que aparece e o único que nos fala. Consolava-me pensar que os livros sobre as atitudes necessárias em um segundo casamento afirmavam que, se uma pessoa se deu o tempo e o trabalho de fazer as pazes com o passado, tem mais probabilidade de ser feliz. Depois de onze anos, eu não apenas tinha me dado um tempo, como nem sequer me lembrava muito bem de ter sido casada alguma vez. Um bom sintoma, portanto, de que estava em paz com os fatos ocorridos no meu primeiro casamento. Entretanto, fazer as pazes significa mais do que não sentir rancor, culpa, dor e, claro, amor. Essa expressão, tão em voga na onda de espiritualidade em que anda o mundo, tem mais a ver com a probabilidade de repetir padrões. Como se tivéssemos que retornar a esse passado para encontrar os erros que cometemos durante o casamento e questionar a escolha da pessoa. Trata-se, em uma psicanálise muito pessoal – a não ser que se queira recorrer a um profissional –, de nos perguntarmos se estamos escolhendo o mesmo modelo masculino, nutrindo as mesmas expectativas inalcançáveis, e se conseguimos extrair daquela ruptura uma visão mais realista do amor e da vida a dois.

Portanto, eu tinha um problema bastante grande porque minha memória não era suficiente para eu cumprir esse primeiro requisito para a felicidade no segundo casamento. Já não lembrava por que eu tinha casado da primeira vez e também não estava em condições de tirar grandes conclusões de um episódio que, se bobear, foi motivado pela vontade de brincar de casinha ou simplesmente de legalizar uma situação. Prefiro pensar que, se casei, foi por amor e não por confusões emocionais subconscientes. Afinal de contas, a idade estava me ensinando que esse tipo de desvario só se comete por um desequilíbrio emocional próximo da loucura. Quanto à possibilidade de eu estar repetindo o modelo masculino, não estava muito clara para mim. Fisicamente, os dois não se pareciam em nada e eu considerava meu ex um homem bom. Então, não via necessidade de passar a ter um marido mau. E nem pensar em entrar numa onda de recordações para saber o que eu fiz de errado. Aí sim a situação ficaria complicada: como procurar os erros que cometi e, ao mesmo tempo, ficar em paz com meu passado? E este era justamente o único requisito que eu atendia entre as recomendações feitas pelos livros de autoajuda. Não tinha jeito. Eu teria de conviver com o medo de errar novamente. No dia do casamento, procuraria um cantinho para ele, ao lado da peça azul, do item emprestado, do novo e do velho. Entraria como algo que acabou de ser estreado.

Depois de concluir que carregaria esse medo o tempo todo, soube que teria de lidar com outra questão. Pois é, pelo visto não só estava começando a acumular maridos, como também a colecionar apreensões. Já fazia tanto tempo que eu aproveitava minha solteirice que, quando decidi dar uma olhada nos casais ao meu redor, me vi diante de um enterro. O possível enterro da minha independência, minha liberdade e minha individualidade. Todas incineradas, juntas, pelo fogo do desejo de posse masculino. Se há algo em que os homens se destacam, além do egoísmo e da covardia, é na necessidade de controlar e possuir. Tanto esforço em provar para mim que era uma mulher independente, capaz de me manter emocional e economicamente, para me entregar, novamente, às necessidades primárias de um homem. Eu já havia detectado esse comportamento em algumas relações que tive nesses anos de divorciada. Eles sempre começam nos fazendo acreditar que são bem tranquilos e não estão nem aí, que admiram enormemente nossa independência. A postura dura exatamente seis meses. Depois disso, começarão a questionar, exigir, perguntar e nos fazer sentir que a independência é sintoma de um grande egoísmo e que nunca prestamos atenção neles.

A solução que os livros de autoajuda apontavam para esse medo não servia para grande coisa. Os supostos especialistas no assunto dizem que, "quando a escolha do novo marido é correta, as mulheres aprendem que o casamento pode ser uma oportunidade de crescer ao lado do ser querido sem perder a individualidade". Fiquei ainda mais confusa, pois eu já tinha chegado à conclusão de que, se alguma coisa não estava clara, era justamente que aquele fosse o homem correto. Tudo bem. Mais um medinho com que teria de conviver até que pudesse provar que eu realmente estava com o cara certo.

A boa notícia é que os outros medos identificados pelos especialistas nas pessoas em vias de um segundo casamento estavam absolutamente controlados em mim. A possibilidade de alimentar falsas expectativas não fazia parte do meu projeto emocional. Depois de ter convivido sete anos com um homem e descoberto que a melhor solução para nossos problemas estava no divórcio, só sendo idiota para continuar pensando que o casamento resolveria minha vida, satisfaria minhas necessidades e me deixaria feliz para sempre. Na verdade, a esta altura do campeonato, eu achava que essas conquistas só eram possíveis por meio do divórcio.

O medo da dor também não me incomodava e, muito menos, me preocupava. Se tinha algo que eu sabia é que a única coisa certa em relação à dor é que ela passa, cedo ou tarde, e depois a esperança retorna intacta. Portanto, era questão de resistir e saber esperar. Como dizem, quem não arrisca não petisca.

O saldo dos meus medos era bastante favorável até esse momento. O placar, poderíamos dizer, estava empatado em dois a dois. Entretanto, não conseguia encontrar as vantagens de um segundo casamento. Como poderia ser atraente se parecia uma fábrica de complicações adquiridas por livre e espontânea vontade? A não ser que só escute o coração e fique surdo à razão, dificilmente alguém tem boas coisas para falar de um segundo casamento.

Capítulo 3

O mercado de segunda mão

Devemos começar aceitando que, no mercado de segunda mão, não existem garantias. Qualquer um que tenha comprado um carro ou um eletrodoméstico usado sabe bem disso. Hoje não é novidade para ninguém que até mesmo no primeiro casamento a felicidade eterna não está assegurada. Porém, por alguma estranha razão, a inocência, as ilusões e a falta de experiência nos fazem ter certeza de que seremos felizes para sempre.

Para nós que fazemos parte da reciclagem humana, a única coisa que garante um possível êxito na segunda vez é exatamente a experiência e o medo de cometer os mesmos erros. Contudo já vimos que, de acordo com as estatísticas, nem a experiência nem o medo são muito confiáveis nas relações amorosas. Por mais que você tenha se conciliado com seu passado, aceitado os erros cometidos e descoberto o que realmente quer numa outra pessoa, a possibilidade do fracasso subsiste.

Embora não haja muitos livros sobre a reincidência matrimonial, os que existem no mercado se empenham em nos indicar o caminho para essa felicidade eterna. Por vício profissional e emocional, tenho a tendência e a necessidade de compreender plenamente os processos por que estou passando. Infelizmente, a experiência me ensinou que a vida não se resolve de forma tão fácil como esses livros nos querem fazer crer. E não que eu pense que sou a dona da verdade, mas, se os conselhos dos especialistas servissem, todos seríamos ricos, bem-sucedidos, felizes no amor e pais de filhos perfeitos.

Por isso, diante da decisão soberana do meu coração de voltar a se apaixonar, era muito difícil para mim, na minha condição de divorciada, acreditar que seria exitosa ao seguir certos modelos. Concordava com a necessidade de fazer as pazes com o passado. Tenho forte convicção de que é preciso vivenciar o luto por tudo que nos causou sofrimento, mesmo que seja algo estúpido como a perda dos meus brincos favoritos. Também me parecia lógico ter certeza de que a nova figura cumpria os requisitos. E, por mais que fosse um lugar-comum a ideia de que é preciso correr riscos para ganhar, fazia sentido, sobretudo se tivéssemos consciência de que também se arrisca para perder.

Mas, como o pensamento positivo está na ordem do dia, a ideia é banir toda preocupação e confiar nesse novo conceito que nos assegura o triunfo apenas com o fato de colocarmos na mente que vamos conseguir. No meu caso, verdade seja dita, muitas vezes quebrei a cabeça pensando com otimismo e a queda foi inevitável. Por isso eu achava tanta graça que, entre os conselhos desses manuais de autoajuda, estivesse o de fazer as pazes, não apenas com o marido anterior, mas com nossa família original.

Exatamente. Esse retorno ao passado incluía vasculhar nossa infância, a relação que tivemos com nossos pais e que eles tiveram entre si, para poder eliminar todo tipo de pequenos traumas que houvessem se intrometido na primeira relação. Diante dessa sugestão, eu já não sei se rio ou se choro desesperadamente. Não que eu tenha alguma coisa contra os retornos. Ao contrário, sou daquelas que pensam que é "preciso andar para trás ATÉ para ganhar impulso". Não tenho medo de voltar, porque pode ser muito importante para reviver, recordar, repetir e fechar ciclos. Mas qual é a necessidade de tanta busca? Não enxergava e me dava pânico abrir outras janelas do passado familiar. Talvez porque pudesse encontrar tantas coisas que passaria os vinte anos seguintes da minha vida deitada, não com a pessoa amada, mas no divã do psicanalista. Afinal de contas, se tem uma coisa que aprendi bem nesta vida, é que quem procura acha.

E o que eu estava achando era que esses livros de autoajuda me atrapalhavam ao ponto do desânimo absoluto. Tinha chegado a um nível em que me sentia angustiada de tanto pensar no que deveria fazer para chegar à terra prometida. Então me dei conta de que todo esse trabalho não competia exclusivamente a mim. Já imaginava perfeitamente a cara do meu namorado quando dissesse que, para a realização do nosso amor, ele tinha de se reconciliar com seu passado matrimonial e familiar.

Com certeza ele ia me mandar à merda. Não existe homem que ache atraente a ideia de revirar suas emoções e, muito menos, que aceite a possibilidade de haver conflitos familiares, matrimoniais e divorciais a serem resolvidos. Logo eles que são tão fortes, sem problemas e que resolvem suas emoções ignorando-as. Pois bem, supostamente era preciso convencer um membro dessa espécie de que, sim, havia algo em sua falta de problemas e que, desprezando o passado, só criaríamos obstáculos para o futuro. Eu, que pensava que com o atestado do divórcio a liberdade do meu novo amor já estava assegurada, pelo visto estava equivocada, pois faltava nada menos do que a prova irrefutável de seu divórcio emocional. As perguntas obrigatórias eram: onde se encontra esse documento? Existe um juiz que dissolva os vínculos emocionais? Claro que não. Não há lugar, pessoa ou papel que nos garanta que nosso futuro marido esteja livre desse tipo de amarras.

Ou seja, ou esses livros não se viram diante de um homem de verdade ou foram escritos em outro planeta. A primeira coisa que deveriam fazer é estudar as estatísticas, que mostram que a grande maioria dos homens separados se casa em um intervalo de seis meses a dois anos depois da separação. As razões são simples e conhecidas: os homens não sabem viver sozinhos. Ficam enrolados com tudo o que é doméstico e cotidiano. Precisam, afetivamente, de uma mulher que os espere em casa, lhes dê cuidados e mimos, e diante da qual possam se dar ao luxo de ser vulneráveis. Se a descrição parece muito com a de uma mãe, não é por acaso. Por isso, é melhor não ir muito fundo na psiquê masculina para não encontrar o que não queremos e acabar perdendo o homem que nos deu tanto trabalho encontrar.

Mas a inclinação masculina para a vida matrimonial não tem a ver apenas com suas necessidades domésticas e emocionais. Poderíamos dizer que é questão de vida ou morte. Sem exagero. Os estudos afirmam que os homens casados são mais felizes, sofrem menos de depressões, têm menos vícios e vivem mais que os solteiros. Ou seja, se um homem almeja uma vida longa e saudável, o casamento é a salvação. Considerando que a sobrevivência é um instinto primário, e se acrescentarmos a isso outro instinto (o sexual), a necessidade emocional de que alguém cuide deles e a crença masculina de que um amor se esquece com outro amor, o resultado é um ser com tendência matrimonial crônica. Não é preciso complicar ainda mais a cabeça desse sujeito e muito menos tentar lutar contra os instintos básicos do ser humano.

Nesse momento, aceitei que, em matéria de amor e de homem, o melhor era não procurar razões, explicações nem garantias. Aqui, sim, temos de mergulhar como loucas, sem fazer muitas perguntas, e deixando para trás todos esses manuais que falam de homens que nunca apareceram para mim. Decidi que era hora de escutar a voz da experiência. A partir de agora, minhas amigas que fazem parte do clube das segundas mulheres (porque isso é tão difícil que existem grupos de apoio, como qualquer alcoólico anônimo) seriam meu refúgio e meu apoio durante este processo. Elas ajudariam a esclarecer minhas dúvidas, lidar com os problemas e fazer com que o percurso não fosse tão árduo como prometia. Entretanto, o primeiro conselho de uma delas foi um golpe baixo que me levou a considerar até meus princípios morais.

– Lamento informar, mas a primeira coisa que você precisa entender, até para mudar a situação, é que está se metendo com o marido de outra mulher.

Ao ouvir essa frase, meu primeiro argumento foi que eu não tinha roubado nenhum marido.

– O que é que você está falando? Ele é divorciado. Jamais me envolveria com um homem casado. Você está pensando que eu sou o quê?

– Não, espera, você está falando da papelada, queridinha... Em relação ao comportamento, o seu amorzinho aprendeu a ser marido da ex dele. O que você tem nas mãos é um homem que subconscientemente continua vivendo com a primeira mulher.

Tinha que segurar o tranco. A sujeitinha continuava em nossas vidas e num papel muito maior do que o de mãe das crianças. Era como se tivéssemos nos transformado na sagrada trindade familiar.

O marido de outra

A ideia de me envolver com o marido de outra mulher disparava em minha cabeça sinais de perigo e a certeza de estar entrando em zona de acidentes. Se existe algo de que sempre fugi foi de homens casados. Parecia-me horrível e humilhante ser a outra, me conformar com momentos e carinhos roubados de alguém que tinha o direito legal, social e moral sobre eles. No entanto, a vida mudou tanto que a outra passava a ser justamente a primeira mulher. Nesse enredo das novas relações, dos divórcios, dos segundos casamentos e da ideia de dar uma nova chance ao amor, mesmo que rompesse com os padrões preestabelecidos, quisesse eu ou não, meu futuro marido tinha sido casado com outra.

Isto não era nenhuma novidade. Afinal, eu também estive nessa situação. A diferença era que meu casamento durou sete anos e eu já estava divorciada fazia onze. Minhas lembranças sobre a vida matrimonial se desfizeram com o tempo, o que, somado à falta de memória que a idade acarreta, resultava numa mulher com comportamentos e neuras típicas da solteirice. No caso do meu namorado, seu longo casamento e o pouco tempo em que estava curtindo a liberdade faziam dele uma pessoa que, mentalmente, poderia continuar casado com a outra.

A teoria pode parecer absurda, mas nem por isso deixa de ser verdadeira. É mais ou menos o seguinte: de tanto que nos repreenderam por falar com a boca cheia quando crianças, acabamos nos tornando adultos que respeitam as regras da boa educação. Do mesmo modo, foi tamanho o tempo que passou com sua primeira mulher que nosso homem aprendeu a ser marido dela e tinha fixado em sua cabeça comportamentos sobre relações que praticamente se transformaram em hábitos.

Pois bem, a verdade é que agradecemos pelos hábitos, pelo bom gosto e pelo fato de este homem ser impecavelmente educado. Mas, nas relações amorosas, os costumes adquiridos em um casamento são uma maldição no melhor estilo "Rebecca, a Mulher Inesquecível". Pelo visto, esse problema de se casar com o marido de outra é tão complicado que inspirou esse livro, adaptado mais de uma vez para o cinema, que não trata exatamente de uma história de amor. Ao contrário, o que a segunda senhora De Winter vive é uma trama de horror que mataria qualquer um do coração. No caso dessa protagonista, a primeira mulher de seu marido estava morta, circunstância que torna as coisas mais difíceis porque eu não conheço morto ruim. Todas as pessoas são redimidas com a morte e acabam se aproximando da perfeição, mesmo que em vida tenham sido um tormento. Portanto, é um pesadelo feito realidade viver com o fantasma de alguém que seja uma mistura de Madre Teresa de Calcutá, Sofia Vergara, Diana de Gales, Martha Stewart e a protagonista de *A noviça rebelde*. Ok, se não existe morto ruim, também não há ex legal, mas isso não significa que a primeira esposa não tenha influído determinantemente no comportamento de nosso futuro marido. O resultado é um homem que sabe ser marido, mas com outra.

Parece que, nesse aspecto dos comportamentos adquiridos no primeiro casamento, existem diferentes categorias, dependendo do grau de perigo que representem para a nova relação. Além disso, os especialistas aconselham a não nos deixarmos levar pelo fantasma da ex (como se fosse fácil) e aprender a distinguir as atitudes graves das não tão graves. A razão para nos empenharmos tanto em desenvolver essa habilidade diferenciadora é a nossa saúde. Se não conseguirmos fazer isso, acabaremos armando barraco por tudo, vendo coisa onde não tem, e correndo o risco de enlouquecer, como quase acontece com a inesquecível Rebecca do filme de Hitchcock.

Na categoria dos comportamentos menos graves, cabem todos que, por mais que nos incomodem da mesma forma, precisamos aguentar estoicamente com a esperança de que desapareçam com o tempo ou quando, finalmente, eles se derem conta de que estão casados com outra mulher. E é preciso considerar que os homens geralmente são lentos para as mudanças e, embora pareça mentira, têm tanta dificuldade de abandonar seus hábitos que até hoje conservam muitos que adquiriram na época das cavernas. Ou seja, é uma tarefa árdua, que requer toda a paciência do mundo, e que possivelmente será eterna. Portanto, se seu novo amor aparece com um presente e você se pergunta de onde diabos ele tirou que você gosta de coisas tão horríveis, vulgares, cafonas e de péssimo gosto, bom, certamente era o que fazia a cabeça dela. Por isso, não resta outra alternativa a não ser educá-lo para o bom gosto e as coisas que valem a pena. Claro, se a ex teve a decência de educá-lo na cultura dos presentes caros e de marcas, não é necessário acabar com a boa vontade deles, ainda que a gente não goste do que comprem. Os homens, por si, não importa se estão no primeiro, no segundo ou no terceiro matrimônio, não são muito bons para escolher o presente ideal. Como esposa agradecida, você recebe o presente com entusiasmo para depois devolvê-lo ou trocá-lo por algo que lhe agrade.

Também entra na categoria dos comportamentos menos graves a tendência que eles têm de confundir nossa cor favorita, o livro de que a gente mais gosta, a música que preferimos, a comida que a gente adora e até o nosso nome de batismo com o da ex. Nisso, os hábitos adquiridos têm influência muito grande. Leva tempo para eles se livrarem desse passado e decidirem finalmente viver no presente. Com muita calma, tranquilidade e paciência, é preciso corrigir o erro até eles entenderem que uma coisa é uma coisa e outra coisa é outra coisa. Enquanto isso não ocorrer, não devemos ficar ressentidas se ele chegar com uma jaqueta que não vestiríamos nem no dia das bruxas, com uma cor que detestamos e um tamanho que não tem nada a ver com o que usamos. E Deus nos livre de ser menor do que o nosso.

Devo admitir que, para mim, a tarefa de manter as coisas numa boa por mais que a situação me aflija, não só me parece árdua, como impossível. Ou eu não tinha a maturidade necessária para enfrentar esse tipo de situação ou os especialistas nesses assuntos estavam completamente equivocados.

– É o segundo – me disse uma amiga do clube das segundas mulheres. – Não existe a menor possibilidade de engolir esse tipo de confusão. Há uma grande diferença entre ser madura e ser idiota.

– E aí? – perguntei – O que se deve fazer numa situação dessas?

– Exatamente o que estão dizendo para você não fazer. Em vez de ficar calada ou corrigir o erro dele com doçura, faz um escândalo. Garanto que só de pensar que toda vez que cometer esse erro vai ter que aguentar seu choro e seus lamentos, ele nunca mais vai querer se confundir.

Aparentemente, sem ser psicóloga nem especialista no tema, mas tendo a seu favor o fato de ser membro ativo do processo, minha amiga tinha conseguido, com sua tática, acabar com o probleminha da memória em apenas um episódio. Mais do que isso: ela estava convencida de que todos os problemas relacionados à ex tinham uma única solução: fazer drama.

– E o que a gente faz com a comunicação? – perguntei.

– E quem disse que isso não é uma forma de comunicação? Ou você não está comunicando a ele, com lágrimas, gritos, reclamações e tudo que você puder acrescentar de sua própria autoria, que o comportamento dele tira você do sério? Essa história de comunicação e paciência são sonhos que não têm nada a ver com um segundo casamento. A verdade é que, se você não colocar os pingos nos is desde o começo, eles montam em cima de você. Então esquece esses livros de autoajuda que foram escritos por homens e para que a gente ajude apenas os homens, já que de autoajuda não têm nada. Ou você se ajuda ou vai acabar cheia de frustrações.

Não podia ser mais claro. A verdade é que nenhum desses livros é voltado a homens que querem entender sua segunda mulher. Por alguma estranha razão, eles não se interessam pelo tema e não se sentem obrigados a compreender e ajudar sua nova cara-metade. Nós sim, em uma nova forma de submissão que a cultura moderna esconde atrás de conceitos como paciência e comunicação. E essa postura de entender, dar tempo, aceitar e compreender estava me parecendo muito com a cultura vivida por minhas antecessoras, a da submissão e da ideia de que é preciso suportar o sofrimento.

Outra das minhas amigas que vivia as atribulações de um segundo casamento também não estava muito de acordo com a recomendação de paciência e compreensão. Tanto é que também me aconselhou a fazer exatamente o contrário do que dizem os especialistas. Segundo ela, suportar, engolir em seco e perdoar geram frustração sobre frustração – consequentemente, o caminho mais rápido para um novo divórcio. Estava convencida de que uma mulher, no pleno sentido da palavra, não podia aguentar sem reclamar todas essas atitudes aprendidas com a outra que o marido decidiu levar na sua bagagem emocional.

– Ou você toleraria que a ex dele se metesse na cama de vocês? – me perguntou.

– Tá maluca? Claro que não. Além do mais, o que é que isso tem a ver? A gente está falando de comportamentos adquiridos, não de sexo.

– Você está redondamente enganada. Se você não ficar esperta, ele leva a ex para a cama e acaba fazendo com você as coisas que ela gostava, e esperando, aliás, que você faça com ele as mesmas coisas que ela fazia.

– O quê?!

– Isso mesmo. Você tem que fazer o exorcismo logo no começo. E você sabe que, quando um corpo está possuído por outro, tudo é válido para libertá-lo.

De fato. O espírito da ex estava em todos os lugares, até mesmo em nossa cama. O exorcismo tinha de ser rápido e definitivo. Mais do que isso: se não me mexesse, corria inclusive o risco de ganhar duas sogras, porque os comentários já não se limitavam às coisas que a mãe dele faz bem. As qualidades e talentos da primeira mulher começavam a vir à tona e era preciso fazer alguma coisa o mais rápido possível. Assim, diante do comentário de que a primeira esposa cozinhava como os deuses (e você sabendo que não entende nada de cozinha), é preciso responder imediatamente: "Se a comida dela faz tanta falta, volta para ela, porque era só o que me faltava: ficarem insinuando na minha própria casa que ela era melhor do que eu".

E, como se isso não bastasse, os problemas de se viver com o marido de outra podem ser muito piores. Há o risco de a dinâmica do casal também ser transportada de uma esposa para outra. Se o sujeito estava casado com uma mulher belicosa, que fazia drama e queria brigar por qualquer coisa, o mais provável é esperar de nós o mesmo comportamento. Isso aconteceu com outra de minhas amigas e custou muito para ela fazer o marido entender que, quando um não quer, dois não brigam, e que ela não ia entrar nesse joguinho. Da mesma forma, há homens que se acostumaram a fazer o que lhes der na telha e ignoram completamente as opiniões ou os desejos da mulher. Se o bonitão é desse tipo, com certeza vai continuar a agir assim no segundo casamento. E sem falar dos que foram traídos. Serão os mais ciumentos do planeta. Como evitar? A resposta é uma só: desde o começo é preciso fazê-los entender que não se trata da mesma pessoa e, portanto, a relação do casal e a sua dinâmica vão ser totalmente diferentes. Para conseguir isso, os membros ativos do clube das segundas mulheres dizem que todo tipo de estratégia é válida para não acabar pagando pelos erros da outra.

Como se tudo isso fosse pouco, as inseguranças próprias das mulheres me lançavam em uma competição absurda com a ex. Por mais que eu dissesse a mim mesma que, se ele tinha se divorciado dela e estava comigo, sua posição sobre o tema era óbvia, os medos e preocupações continuavam a me espreitar e me acompanhavam até na cama. E, quando digo cama, gostaria que fosse apenas nas minhas reflexões antes de dormir. Mas não. Era a dúvida horrorosa de como ele se comportava com ela e se meu desempenho era melhor ou pior. E nesse aspecto da vida sexual não há muito que se possa fazer a respeito (digo em termos educativos) para obter a segurança de que tanto precisamos. Se você não sabe cozinhar e a ex dele era ótima cozinheira, sempre há tempo de virar uma *chef* e até viajar a Paris para obter um título do Cordon Bleu. Você vai ter certeza de que conhece o assunto e se formou na melhor universidade. Nas questões sexuais, não existe um lugar em que se possa obter um Ph. D que a credencie como especialista nas artes de amar. Por isso, essas inseguranças só desaparecem com fé ou confiança no muito ou no pouco que sabemos do assunto.

Ao temor sexual, pode se somar o medo de que ele continue apaixonado pela outra. Qualquer que seja o gesto ou a atitude dele, a balança pende para o lado dela. Se ele não fala da sua vida de casado, achamos que talvez seja porque ainda sofre e, se sofre, é porque a continua amando. Se, pelo contrário, fala muito dela ou lembra momentos da vida que tiveram, chegamos à mesma conclusão, porque tanto o silêncio como as palavras nos enchem de dúvidas. Aí a situação fica complicada: tudo o que ele disser ou não disser será usado contra ele, até que o tempo cumpra sua função de nos devolver a confiança em nós mesmas.

Essa confiança também sofre abalos quando nos perguntamos se somos iguais à anterior ou exatamente o contrário. Será que ele me escolheu porque pareço com ela? Ou ficou fascinado justamente por eu ser o oposto? As duas possibilidades me inquietavam porque estavam na categoria de repetir padrões, seja buscando mais do mesmo, seja partindo para o lado contrário a fim de fugir do que já se teve e não deu certo. Tinha que haver um meio-termo em que a escolha não gerasse tanta suspeita. Pois havia, sem o peso que eu estava dando e até com conotações positivas. Não existe nada de mau em uma pessoa se manter fiel a um determinado tipo de homem ou de mulher, porque é possível que sua paixão seja despertada pela compatibilidade ou incompatibilidade de personalidades. Portanto, o fato de se parecer com a ex-esposa do seu marido não significa que ele continua apaixonado por ela e por isso procurou uma mulher idêntica. Quer dizer, simplesmente, que esse é o tipo de pessoa que o atrai. Quanto a buscar o contrário, pode ser resultado de um amadurecimento emocional que leva tanto o homem como a mulher a romper com padrões doentios. Em outras palavras, depois de concluir que não funcionava com certo tipo de mulheres com as quais mantinha relações nocivas, ele rompeu o ciclo em prol de um relacionamento saudável.

No fim das contas, a verdade é que este processo de unir nossas vidas à de um homem divorciado vai de encontro à natureza feminina. Nós sempre queremos ser únicas, inesquecíveis, as que foram mais amadas, as definitivas. Por isso, não faz sentido que se espere de nós uma postura compreensiva diante da prova irrefutável de que houve outra antes e que ela também foi, em seu momento, tudo o que hoje somos. Para piorar, nesse tipo de situação, essa mulher também ostenta o título de mãe dos filhos do nosso marido, o que os manterá unidos até que a morte os separe. Não é fácil, porque nós, divorciados, somos seres que viajaram pelo mundo emocional, fomos adquirindo *souvenirs* em todos os lugares que visitamos e, portanto, chegamos com uma bagagem que, além da família original, inclui ex-mulher, ex-sogros, ex-cunhados, filhos e amigos. Um conjunto de personagens que nos recorda, constantemente, que o objeto do nosso amor e desvelo teve uma vida antes de nós.

Capítulo 4

Se deixarem, vamos nos amar a vida inteira

Aqui, sim, a música que diz "antes de você não houve antes" é impossível de cantar. O antes é um presente, e bem extenso, com que temos de lidar, gostemos ou não. Nos meus anos de juventude, minha mãe sempre me dizia: uma mulher também se casa com a família do noivo. É uma realidade que vivi e que vivem todos os casais. Na hora do divórcio, caso haja filhos, o casal se separa, mas a família não se destrói. E, quando se fala de família, não se refere apenas à composta por pai, mãe e filhos. Entram também avós, tios, cunhados e primos – independentemente de o casamento ter terminado.

Nessa categoria também estão os amigos, que fazem parte de uma família que escolhemos ao longo dos anos. Com eles ocorre o primeiro enfrentamento na luta para encaixar o novo namorado na nossa vida. Como se voltássemos aos quinze anos, ficamos tensas e inseguras com a possibilidade de ele não agradar. Na adolescência, esse tipo de comportamento é natural no processo amoroso, mas aos 40 anos é patético. Entre as coisas fascinantes que a idade me trouxe, uma delas foi justamente a sensação maravilhosa de não me sentir obrigada a me dar bem com ninguém. Tinha conseguido, dentro dos limites do bom gosto e da educação, chegar ao inefável ponto em que as pessoas tinham de me aceitar como eu era. Não ia a nenhum lugar por obrigação, não tinha interesse em conhecer pessoas novas e não estava disposta a mexer um dedo para angariar afetos. Estava convencida de que os que me rodeavam eram suficientes. Com eles eu estava segura: me conheciam, me aceitavam com meus defeitos e virtudes, e até gostavam do meu humor negro.

Não sei por que, mas, quando uma pessoa se casa jovem e pela primeira vez, a possibilidade de o marido não combinar com nossa família e nossos amigos nem passa pela nossa cabeça. É como se déssemos por certo que, se ele nos agrada e o amamos, os outros são obrigados a nutrir os mesmos sentimentos. É claro que, com o passar do tempo, começam os atritos. Uma vez no barco, não nos resta outra opção a não ser remar contra a maré. Entretanto, não é de vital importância que nosso par se dê bem com todo mundo porque nessa idade não existe outro mundo além do que vivemos com ele. De certa forma, o fato de termos as ilusões intactas e um futuro quase eterno para construir uma vida juntos nos leva a crer que a coisa é entre os dois, e o resto – é só resto.

Depois de ter passado por um divórcio e vivido mais de metade da vida, vejo que esse tipo de sonho só pode ser alimentado pelas mais ingênuas. Quando me separei, compreendi com tristeza que contava unicamente com minha família e meus amigos. Foi um duro golpe comprovar que os homens e o amor vêm e vão, enquanto esses seres continuam sendo a constante que nos dá a sensação de possuir alguma coisa, tão necessária nas horas boas e ruins. Talvez justamente por isso ter sido sempre muito claro para mim, ficava tão ofendida quando minhas amigas ou amigos sacrificavam algum de seus afetos em prol da paz conjugal. Sentia que estavam cometendo uma grande injustiça com a amizade e que, com isso, renunciavam a parte de sua individualidade. Era algo como dizer que, como o novo marido não tinha gostado da pessoa tal, elas estavam dispostas a considerar a possibilidade de terem se equivocado em seus próprios gostos e critérios afetivos. Ou, o que é pior, entregar a outra pessoa o direito de opinar e escolher por eles.

No meu caso, a importância da minha família e dos meus amigos era muito maior. Como não tive filhos e estava sozinha havia tanto tempo, essas pessoas passaram a ser a minha vida. Sentia terror em pensar na possibilidade de meu aspirante a marido não se dar bem com alguma delas e eu me ver na horrível situação de abrir mão de uma amizade ou conviver com a hostilidade dele. Eu não estava procurando uma agulha num palheiro; a experiência me mostrou que situações desse tipo ocorriam, e mais do que o desejável. Tinha muitos amigos casados em segundas núpcias ou com divorciados que, quando tiveram de escolher, não hesitaram. Sacrificaram um amigo ou um familiar para manter a relação numa boa. Eu mesma fui vítima desse tipo de decapitação emocional. Para preservar uma amizade, me vi mais de uma vez fazendo das tripas coração para me dar bem com o novo marido de uma amiga, ainda que sentisse enjoo toda vez que via o sujeito.

Por isso, essa história de misturar a vida de duas pessoas que só têm o amor a seu favor nos enche de cansaço e da certeza de que, por mais que você faça sua parte, o resultado não será necessariamente a felicidade. Se não é fácil dentro da própria família – em que, apesar de terem sido criadas, educadas e alimentadas da mesma forma, as pessoas entram em conflito –, o projeto de unir dois mundos diferentes é um trabalho titânico.

Nem a Nasa pensou em juntar a Terra com Plutão ou com qualquer outro planeta. Sabe de cara que é perda de tempo e de dinheiro.

Mas a Nasa é administrada por cientistas e não por gente que se deixa levar pelo coração. Definitivamente, o amor é a única força que nos faz acreditar na viabilidade do que é impossível. E, o que é pior, nos leva a tentar alcançá-lo. E lá estava eu, entregue a um sentimento empenhado em me convencer de que, sim, tudo aquilo era possível, e devia começar pelos amigos.

Neste quesito, é preciso saber distinguir entre as amizades de toda a vida e as que foram adquiridas durante o casamento anterior. A grande diferença é que as primeiras são mais propensas a querer sua felicidade, sem se importar com quem você esteja. Já as segundas tendem a tomar partido. Por isso, se você vai mesmo entrar nessa roubada, é preciso facilitar as coisas e torcer para que as primeiras apresentações sejam para os melhores amigos. Fique claro que, mesmo assim, vamos nos sentir como se estivéssemos ocupando um lugar que não é nosso. Seremos observadas da cabeça aos pés, como num concurso de beleza em que avaliarão se temos as condições necessárias para sermos coroadas como nova esposa. É assim, como candidata a *miss* ou gado em feira, que iremos ao primeiro encontro com os amigos do nosso novo amor.

O problema inicial desse concurso é que não sabemos muito da concorrência. Parecia mentira que esta pessoa nervosa, com imensas dúvidas sobre o que vestir e ansiosa com a possibilidade de não agradar aos jurados, fosse a mesma que, um ano antes, havia se prometido não fazer nenhum esforço para se dar bem com nenhuma pessoa. Deus do céu. Eu já era uma mulher bem crescida para aquela situação humilhante, ainda mais por causa de um homem. Mas o amor faz com a gente o que bem entende e, no meu caso, estava me submetendo ao absurdo de fazer um teste – o que sempre odiei, tanto no colégio como na faculdade. Era muito parecido com uma escola. Eu não tinha que tirar A em tudo para conseguir o diploma, mas precisava estudar uma e outra matéria para não ficar com o título, nada agradável, de "A pessoa equivocada".

Meu primeiro grande erro foi dar importância demais ao evento. Foi como se tivesse levado o livro de matemática para a aula de geografia. Isso ficou bem claro quando meu candidato a marido foi me buscar

– Você não acha que está muito elegante? – palavras malditas para qualquer mulher.

– Você acha? Você disse que íamos jantar na casa dos seus amigos – comentei, com a mais firme convicção de que estava vestida para um jantar na casa de qualquer pessoa. Afinal de contas, quebrei a cabeça pensando no que seria adequado, como se fosse uma idiota que só tinha ido a um único jantar em toda a vida. Quem mandou ser uma imbecil e me preocupar demais com pessoas que eu nem conhecia.

– Não, eu digo isso porque eles são muito informais. Mas não se preocupe, era só um comentário. Você está linda.

Que ótimo! Ele pensava que, com essas frasezinhas, tudo ficava consertado, que dourando a pílula com esse "linda" resolvia o problema de um ego que despencou e ficou junto das sandálias maravilhosas que tinha comprado para a ocasião. Eu não apenas ia para um baile que tinha começado sem mim anos atrás, como também estava com o vestido errado. O pesadelo mais temido de qualquer mulher – bom, além do medo de outra pessoa estar com o seu vestido. Não me restou outra alternativa a não ser respirar fundo e contar até cem – algo muito frequente quando uma mulher decide se juntar com um homem.

– Mas eu nem estou assim tão elegante. Além disso, por mais que eu tenha procurado no meu manual de etiqueta, não encontrei nada sobre o que vestir para conhecer os amigos do namorado divorciado. Então, tive que seguir as mesmas regras de quando se vai conhecer o chefe dele.

– Não fica assim. Você já está irritada. Não é para tanto. Já disse, foi só um comentário. Você está muito bonita.

Preferia que ele tivesse avisado que, a esta altura do campeonato e em pleno século XXI, seus amigos continuavam querendo ser *hippies*. Dessa forma, eu não teria me sentido um peixe fora d'água quando cheguei e encontrei todo mundo de calça *jeans* e tênis. Não sabia se matava meu namorado ou processava a pessoa que disse que um vestidinho preto serve para qualquer ocasião. Pois eu tinha uma novidade: nem sempre, já que para um churrasco não é o mais indicado. E ali estava eu, malvestida e conhecendo um grupo de gente que me olhava como a atração especial da noite. Uma das velhas amigas presentes teve a ousadia de fazer "o comentário".

– Coitada. Com certeza esse meloso (referia-se a meu namorado) não falou que era um churrasco. É que ele é tãããão sofisticado. Faz sempre a mesma coisa.

Evidentemente, recebi o comentário como um chute no estômago. Primeiro, porque queria dizer que eu estava com a roupa errada. Segundo, porque fazia com que eu sentisse que ela conhecia o meu namorado melhor do que eu. Ferida, minha autoestima saiu em busca de resgate.

– Não, comigo ele não faz isso. É que eu saí de outro jantar e não tive tempo de me trocar.

Claro que a mulher ficou na lista das *personae non gratae*. Seu comportamento a seguir elevou-a à categoria das odiadas. Por alguma razão que até o momento eu desconhecia, ela tinha a tendência desagradável de mencionar demais a ex e querer lembrar momentos e viagens vividos quando meu namorado ainda era marido de outra. Eu sorria com paciência de Jó, enquanto sentia minha primeira úlcera brotar no estômago. A dona da casa partiu em minha defesa.

– Não liga, não. Ela é assim mesmo. Faz isso para chatear – me disse, minimizando a importância dos comentários.

– E por que ela faz isso? Ela era ou ainda é muito amiga da ex? – perguntei, tentando entender o motivo de tanta agressão gratuita.

– Digamos que não muito. O marido dela, o Carlos, é que sempre foi amigo do seu namorado. Olha, é mais uma questão de insegurança. Ela fica apavorada com a possibilidade de o marido pensar que, caso se divorcie dela, sua vida social não vai ser afetada e nós receberíamos a nova mulher de braços abertos. É só isso.

Pois para mim já era muito. Já tinham me prevenido sobre os casais que continuam querendo ser amigos dos dois. Devia fugir deles o mais rápido possível para não acabar no meio de uma luta constante. Os livros chegavam a dizer que o melhor era perguntar ao namorado se esse tipo de gente ia estar presente nos jantares e eventos. Com isso, evitamos servir de presa para essas aves de rapina. Também nos aconselhavam a agir com firmeza e, sem sentir pena, fechar as portas para essas supostas amizades. O que nunca ninguém me disse é que eu devia averiguar, além de tudo, se os amigos do meu namorado tinham mulheres inseguras com seu casamento porque elas também iam querer me aniquilar.

Nesse campo das amizades do novo eleito, é preciso demarcar muito bem os limites e as fronteiras. De certa forma, inicialmente pisamos em casca de ovo e tendemos a adotar comportamentos nocivos. O ego e as inseguranças podem nos lançar ao perigoso jogo de falar mal da ex. E sempre vamos encontrar alguma amiga mais do que disposta a nos acompanhar. Tenho que admitir que é lógico, além de delicioso, ficar sabendo que ela era geniosa, desorganizada, fria como cadáver, uma mãe ruim e, o melhor, péssima na cama, dessas que sempre estão com dor de cabeça. Todos esses comentários nos tranquilizam e dão a segurança de que tanto precisamos. Porém, não podemos esquecer que nosso homem foi apaixonado por esse poço de defeitos e que ela continua sendo a mãe dos filhos dele. A tentação de saber como ela é e que tipo de relação eles tinham é muito grande, e saber isso da boca de uma de suas amigas torna a informação ainda mais saborosa. Mas, por maior que seja a tentação, é preciso fugir. Temos a obrigação de ser suficientemente maduras para entender que amizades desse tipo não são convenientes, porque algum dia falarão de nós da mesma forma. O melhor que podemos fazer é mantê-las afastadas, assim como qualquer pessoa que goste da fofoca destrutiva. Então, além da tensão que a apresentação aos amigos do namorado provoca, devemos aprender a filtrá-los. Tarefa nada fácil, se levarmos em conta que os homens ficam furiosos quando uma mulher pretende controlar sua vida e, sobretudo, os seus amigos. Ou seja, a situação estava ficando complicada e ainda nem tínhamos jogado no meu campo.

Pelo menos do meu lado, eu tinha o controle da situação garantido. Meus amigos sonhavam que eu encontrasse alguém. Muitos nem conheceram meu ex e os que conheceram já tinham até esquecido de sua existência. Entre meu primeiro marido e mim havia uma distância de onze anos e nesta idade, em que lembramos com muito custo o que fizemos há cinco minutos, é muito mais árduo resgatar acontecimentos da pré-história. Mas, como no segundo casamento nada ocorre como se espera, me deparei com algo que poderíamos denominar o medo alheio. Se existe a pena alheia, também existe o medo alheio. É o temor de que o outro não seja aceito ou aprovado. Durante toda a noite, busquei nos gestos conhecidos dos meus amigos sinais de aprovação ou reprovação. No fim, fiquei com a cabeça e o pescoço doendo, o que se somou à úlcera adquirida no outro jantar. Não bastasse o amor, estava acumulando outros tipos de doenças correlatas.

Frases como "eles te adoraram", "achei eles ótimos", "acho que eles gostaram de você", "ficaram encantados contigo", "gostou deles?", "senti que você estava ausente" começaram a fazer parte das nossas conversas após eventos sociais. Eu me sentia em um mercado de amizades, em que selecionávamos as que mais gostávamos, as que não achávamos interessantes, as que veríamos apenas de vez em quando e as que tinham a particularidade de dividir nossos gostos. Um mercado com a peculiaridade de julgar nossas novas tendências e gostos. E digo julgar porque muitos amigos que inicialmente estiveram encantados com a situação com o tempo começaram a sentir as rajadas dos ventos de mudança. Eu já não era a mesma pessoa disposta a qualquer tipo de evento ou viagem. Frases como "tanta libertação e ele te prende como quer", "ninguém mais te vê desde que você começou a namorar", "cuidado que o cara está querendo controlar sua vida" pairavam no ar constantemente. Com muita paciência e engolindo minha impotência em seco, consegui convencê-los de que minha liberdade continuava viva e que era lógico, se eu estava apaixonada, que me atraíssem mais as circunstâncias em que eu podia estar perto do meu namorado. Não estava me afastando deles nem sacrificando minha individualidade. Simplesmente eles tinham de se acostumar que sua amiga agora vivia com outro homem.

Estava exausta. Perguntava-me em que momento a frase "O homem e a mulher abandonarão seu pai e sua mãe para formar sua própria família" se transformou em "O homem e a mulher levarão consigo suas famílias para formar uma confusão dos diabos". Não sei, mas o que estava claro para mim era que os amigos eram o de menos diante da perspectiva de conhecer a família do meu namorado. Outra família! Como se não fosse um carma suficiente ter conhecido a família do meu ex-marido, o bonitão trazia pai, irmãos e até uma mãe. Digo isso porque, se uma pessoa já está incluindo a ex-mulher no pacote, é muita cara de pau colocar também a sogra. Tenho certeza de que essa é a versão moderna das temidas torturas chinesas. Mas, nesse mundo dos segundos casamentos, a orgia é familiar.

Uma orgia familiar

Quando me divorciei, lembro que uma das coisas que me impressionaram ao voltar ao mercado foi a aids. Nessa época, falava-se das consequências do sexo irresponsável e se dizia que, se uma mulher transava com um homem, estava transando com todas as mulheres que ele levou para a cama. Essa afirmação me impressionou muito e me fez achar o sexo nos anos 90 muito incômodo, com todas essas ex-amantes pairando como fantasmas ao redor da cama. Era o equivalente a uma orgia sexual, mesmo sendo apenas com fantasmas.

O segundo casamento também tem uma orgia incluída. Dessa vez, não são fantasmas ou possibilidades (antes fossem) e não há prevenções possíveis. Os fantasmas são reais. Falam, julgam e até opinam.

A primeira reação dos meus fantasmas (leia-se pai, mãe, irmãos, cunhados e até sobrinhos) foi de incredulidade. Não por eu estar com um namorado, mas por ele estar durando a ponto, inclusive, de conseguir o que ninguém antes tinha conseguido: fazer com que eu considerasse a possibilidade de um segundo casamento. Para minha mãe, a notícia significou paz e tranquilidade. Finalmente eu teria alguém que me acompanhasse na velhice, o que era sua grande preocupação. Discutimos o assunto milhares de vezes e eu respondia que as casadas também se tornavam viúvas, o que as levava a ficar felizmente sozinhas. Por isso, um casamento não me garantia necessariamente uma velhice acompanhada. Ela nunca entendeu e continuou a me mandar recados subliminares sobre meu final solitário. Agora, via a possibilidade de o fim dos meus dias ser outro e isso a deixava contente. O resto da minha família passou da incredulidade à expectativa – sem se atrever a mover muito o bote, com medo de que qualquer comentário pudesse fazê-lo virar.

Meu caso era raro, para defini-lo de alguma forma. O fato de não ter filhos me tornou uma divorciada sem um passado presente. Por isso, meu primeiro casamento tinha mais as conotações de um longo namoro com direito a dormir juntos. Contudo, como eu era divorciada, embora minha situação não fosse a mais comum, minha família não alimentava a ilusão de me ver entrar de branco na igreja e de eu casar perante todas as leis possíveis. Não viram o branco nem da primeira vez e sabiam que não existia anulação eclesiástica para meu primeiro casamento. Por isso, para eles era de menos como eu me casasse. Mas, para algumas amigas minhas que decidiram trocar a solteirice por um divorciado, a reação familiar não foi a mesma. As menos religiosas aceitavam a situação com receio e a visão muito paterna que não chega a ser pronunciada mas fica evidente: “não é o que se quer para uma filha, mas...”. As famílias que tinham relação mais íntima com a religião e a igreja começavam seu trabalho como formiguinhas para o futuro genro anular o casamento. Não podiam permitir que seus rebentos vivessem em pecado. Para minhas amigas, o processo foi desgastante e cheio de ansiedades. De um lado, a pressão familiar. De outro, um homem que já conheceram divorciado, aceitaram como divorciado e ficaram noivas sabendo que era divorciado. Portanto, estariam mudando as regras do jogo se dissessem: “olha, eu estava mentindo... na verdade, eu me incomodo com o fato de você ser divorciado”. No fim das contas, os vencedores sempre foram o amor, a pressão familiar e a ilusão que leva muitas mulheres a entrar numa igreja vestidas de branco.

Comigo não contaram para repetir o *show* novamente. Prevendo esse possível desejo, me recusei veementemente, assim como meu ex, a pedir uma anulação, por mais que meu pai quisesse. No meu foro íntimo, sabia que, se em algum momento eu decidisse me juntar com alguém e tivesse uma anulação nas mãos, a pressão para eu realizar no altar o segundo ato da obra matrimonial da minha vida não me deixaria em paz. Esta era uma das razões. A outra, devo admitir, era por puro desânimo e medo. Pela anulação dos meus amigos, soube que era preciso passar até por teste psicotécnico para ganhar a liberdade eclesiástica. E eu tinha sérias dúvidas sobre a minha capacidade de me sair bem nesses exames. Talvez eu fosse exatamente a louca que minha mãe suspeitou e não estava disposta a dar a prova científica disso.

Eu não tinha por que me expor a essa situação quando estava sendo o mais próximo de uma divorciada atípica, sem nenhum tipo de exigência familiar, maternal e ex-marital. O problema era que minha contraparte reunia todas as condições do divorciado típico, cheio de conflitos por todos os lados, e com uma família que se multiplicou durante a vida conjugal. Claro que, depois de anos de casado e com os respectivos filhos, a notícia de um segundo casamento foi recebida com desconforto e preocupação pela família dele. Lógico, havia uma mudança na protagonista feminina, quando já estavam acostumados à forma como a anterior cumpria tão bem, ou tão mal, o seu papel. Ainda por cima os preocupava muitíssimo o bem-estar dos netos nas mãos de uma desconhecida que ostentaria o temível título de madrasta.

E eu pedia a todos os santos de que lembrava para meus futuros sogros não serem desses que consideram a ex uma filha. Porque, se esse fosse o caso, uma batalha titânica me aguardaria. Sabia disso por uma amiga que entrou na relação como bruxa e precisou da módica soma de dez anos para se livrar do fantasma da outra. Se as sogras, por natureza, já tendem a desgraçar nossa vida, no caso da minha amiga a tendência era redobrada. Quando finalmente conseguiu aceitá-la, a sogra passou a viver na melhor vida – não, as coisas não melhoraram; foi ela que morreu mesmo.

Entre as coisas desagradáveis que podem acontecer, é os sogros insistirem em continuar tratando a ex como nora. Concordo com as pessoas que passaram por essa situação que é muito complicado fazê-los entender que, com esse comportamento, provocam muito sofrimento. Mas também entendo que, para a geração dos nossos pais, é muito difícil adaptar-se a novos papéis em uma sociedade que mudou sem que eles se dessem conta. É preciso tempo, paciência, resistência e persistência para compreender que muitas vezes eles agem dessa forma para ficar perto dos netos, o que é mais do que válido. A questão é que eles devem aprender a diferenciar que nora é a mulher que está casada com seu filho e ex-mulher é a mãe dos seus netos. A mulher que encontrar a fórmula rápida e eficaz para essa diferenciação se tornar realidade, por favor escreva um livro. Certamente ficará milionária.

No fim das contas, não se sabe o que é pior: a sogra que continua adorando a ex ou a que a odeia infinitamente e não faz outra coisa que falar cobras e lagartos dela. As duas são perigosíssimas, porque tendem a fazer a mesma coisa: comparações. Qualquer que seja a situação, só se resolve colocando-as em seu lugar. Aqui pode haver novas brigas homéricas porque os homens não gostam muito que se metam com sua mamãezinha. Problema número... Já são tantos que perdi a conta. Melhor dizer que é mais um problema dentro dos que tivemos e dos que ainda temos por diante. Este é bastante complicado, porque custa muito trabalho para os homens baterem de frente com sua progenitora. E, num segundo casamento, o mais importante é o apoio incondicional do marido. Sem este apoio não conseguiremos fazer com que todos os personagens que compõem a orgia familiar nos deem o lugar que nos corresponde.

O panorama era aterrador e não estava sendo fácil encontrar nem um tonzinho de cor-de-rosa. Não queria imaginar o que seria esta confusão familiar para as divorciadas com filhos. Se esse fosse meu caso, estou certa de que minha mãe teria caído em cima de mim diante da possibilidade de colocar um homem estranho em casa. Meu pai teria ameaçado tirar meus filhos de mim, meus ex-sogros me odiariam, juntamente com meu ex, por pretender dar a seus netos um pai substituto, e sem falar do novo marido – certamente sua família o martirizaria com o argumento de que não vivia com seus próprios filhos, mas criaria os dos outros. Vendo as coisas desse ponto de vista, eu não estava tão mal. Digamos que era um meio-termo. Além do mais, não sei se por cansaço ou porque a quarentona que sou saiu para me socorrer, decidi que não se pode agradar a todos. Nem todo mundo que nos rodeia tem que nos amar pelo simples fato de nos casarmos, e o pior que eu poderia fazer era me matar para ficar bem e ser querida. Com o tempo, e se a coisa desse certo, os outros aceitariam que nossa decisão foi correta. Afinal de contas, era nossa família e se supunha que desejava nossa felicidade. Diante dessa conclusão, os problemas familiares ficavam resolvidos.

Quanto erro. E eu estava sentindo na própria pele, diante da notícia de que o meu amor cancelava a viagem que estávamos planejando fazia semanas, exatamente para nos distanciar de todos esses obstáculos que não nos deixavam viver e nos lembrar das razões pelas quais continuávamos juntos e comprometidos nesta via crúcis.

– Eu nem sei como dizer, mas temos que cancelar a viagem – disse ele, com voz de "por favor, não me mate".

Respirei e contei até cem, algo bastante comum na minha vida ultimamente, e disse para mim mesma: "compreensão; lembra disso: muita compreensão; lembra: voz de compreensão".

– Não me diga, amor. O que houve? – perguntei, supercompreensiva e até doce. Definitivamente, tinha aprendido alguma coisa nos livros sobre comunicação: dizer exatamente o que NÃO estava sentindo.

– Juro que é uma emergência. Meu ex-sogro teve um enfarto. E minha ex, é óbvio, quer ficar ao lado dele e por isso não pode ficar com as crianças. Me pediu o favor de cuidar delas até voltar para casa. Não fica triste nem furiosa. A gente vai fazer essa viagem, só que em outro momento.

A viagem parou de me interessar diante da descoberta horripilante de que, com essas poucas frases, a família se expandiu diante de meus olhos. Numa só tacada, percebi que os sogros, tios e primos dos meus futuros enteados tinham a absurda habilidade de mudar minha vida. Esses seres que eu via como farinha de outro saco repercutiam em minha existência por osmose. Qualquer coisa que acontecesse com algum deles seria sentida pela ex e, como num jogo de dominó, teria reflexos nas crianças, por consequência no meu futuro marido, e finalmente em mim. Sem ter nada a ver com isso, eu sentia na própria pele os problemas de umas figuras que não significavam nada para mim.

Mas eles estariam sempre presentes. Fazia parte do negócio em que eu queria me meter. "Uma mulher se casa com a família, uma mulher se casa com a família, uma mulher se casa com a família", eu repetia, na ânsia de assimilar as consequências do passo que ia dar. Lidar com a família do namorado, por si, envolvia um intrincado esforço diplomático. Eu sabia disso. Fui casada. É o equivalente a uma faculdade de diplomacia. Jurei nunca mais viver uma situação dessas e, a partir desse momento, passei a considerar os homens órfãos não mais como "pobres criaturas", mas como "maridos ou namorados ideais". Porém, é preciso reconhecer que, quando estava solteira, foi mais fácil encontrar órfãos do que alguém que me fizesse vibrar a ponto de considerar novamente a possibilidade de morar junto. Houve um e outro pretendente (como diria minha mãe), que, além de órfão, chegou rigorosamente sem ninguém. Um modelo perfeito. Sem sogros, sem filhos e sem ex-mulher – até porque, quando o casal não teve filhos, a possibilidade de querer manter contato é nula. Apesar disso, nunca consegui me apaixonar por esses ótimos partidos. Por mais que tenha tentado fazer uma fria racionalização do amor, os hormônios não me ajudaram. Era como a impotência ou a insônia. Quanto mais você tenta, menos consegue se livrar delas. E, como para o amor não existe Viagra nem soníferos, não me restou outra opção a não ser aceitar a triste realidade de que meus hormônios trabalhavam contra mim. Por isso, agora não podia me dar ao luxo de ser muito seletiva. Estava convencida de que as possibilidades de esse desequilíbrio voltar a ocorrer comigo eram mínimas. Cabia-me aceitar o pacote com tudo o que estava incluído. O problema era que esse pacote tornava-se cada vez mais pesado e, assim como campo minado, tendia a estourar onde uma pessoa menos espera.

– A questão com a família da ex não é tão grave – me disse uma amiga especialista no tema. – Mas reza para ele não ter tido um sogro que o trata como um filho. Aí, sim, a coisa fica difícil.

Dalí teria se deleitado com esse tipo de situação. Era surrealismo puro. Como é que o sujeito podia ter sogros em dobro – sendo que dois, ainda por cima, eram pais de sua ex-mulher? Mas, como não existe nada previsível nas relações de divorciados, minha preocupação com a família da ex foi por terra diante da confissão de uma das minhas melhores amigas:

– A verdade é que, quando percebi o quanto eles amavam meu namorado, o que senti foi paz. Isso mesmo, não me olha com essa cara. Isso me dava segurança de que ele devia ser um cara legal, a ponto de ser tão amado pelos ex-sogros, e que com certeza fez tudo que esteve a seu alcance para salvar o casamento, e que a culpada pela ruptura tinha sido a ex. Não acho que ele seria tão querido se tivesse sido o vilão da história.

Devo esclarecer que essa minha amiga é uma das pessoas mais nobres que conheci em minha existência, o que a torna um ser excepcional. Mas devo confessar também que eu não nutria tanta nobreza. Diante de seu comentário, me dei conta de que, além de todos os males que vinha acumulando no caminho para o altar, estava começando a ter sérias dúvidas sobre minhas qualidades como ser humano. Talvez eu não fosse tão boa e compreensiva como pensava. Minha amiga não concordou.

– Não, não é isso. É que todo mundo fala o que bem entende sobre esses assuntos. Lembra que, comigo, a relação com a ex-sogra do meu marido foi ainda mais fácil do que com a própria mãe dele.

É verdade. Agora eu lembrava. À custa de tempo e de paciência, minha amiga teve de provar para sua sogra que não faria seu filho sofrer, que não era a ex e que, portanto, não ia cometer as mesmas besteiras e a única coisa que queria era fazê-lo feliz. No casamento, a senhora manteve uma expressão reticente e, por sua vez, a ex-sogra do noivo enviou flores diante da recusa de minha amiga em convidá-la à cerimônia. Isso mesmo: ela pretendia participar do evento devido ao grande carinho que tinha por seu ex-genro, de quem se considerava praticamente uma segunda mãe.

– Aí já era demais – disse minha amiga. – Açúcar demais enjoa. Obrigado pelo carinho e pelas boas intenções, mas cada coisa em seu lugar. Sempre é preciso estabelecer os limites.

Do jeito que as coisas iam, se não me casasse, pelo menos ganharia um Ph. D em diplomacia familiar, carreira que, por sua demanda, com certeza será instituída em pouco tempo nas universidades mais importantes do mundo. Lidar com sogros e ex-sogros, convencê-los de que as coisas mudaram porque seu filho ou seu ex-genro agora tem outra mulher e um casamento diferente, e além disso fazer nosso amor entender que ele também precisa ajudar a estabelecer limites e fronteiras para que a paz reine no lar, é uma missão tão delicada que, certamente, nem a ONU gostaria de intervir.

Neste momento, eu estava convencida de que, quando compôs a música *Si nos dejan*, José Alfredo Jiménez estava na mesma situação. A letra não poderia ser mais explícita: "*Se deixarem, vamos nos amar a vida inteira. Se deixarem, procuramos um cantinho perto do céu, e ali, os dois juntinhos, bem perto de Deus, será o que sonhamos. Se deixarem, esquecemos todo o resto*".*

* "Si nos dejan, nos vamos a querer toda la vida. Si nos dejan, buscamos um rincón cerca del cielo, y allí juntitos los dos, cerquita de Dios, será lo que soñamos. Si nos dejan, de todo lo demás nos olvidamos." (N. T.)

A música me caía como uma luva. O sujeito estava tão desesperado que chegou à triste conclusão de que não havia outra maneira de ser feliz com sua amada que não fosse a morte. Imagino que tenha sido isso que ele quis dizer com "bem perto de Deus". Só mesmo no além eles conseguiriam se amar, já que na terra ninguém deixava. A ponto de ele ter dúvida se conseguiriam ver o amanhecer de um novo dia. O cansaço diante de tanto obstáculo para seu amor levou-o inclusive a acreditar que não chegariam à manhã seguinte. Eu me identificava perfeitamente com a música de José Alfredo porque minha situação não era muito diferente. Sobretudo considerando que o pior não era a orgia familiar – esses são personagens coadjuvantes do elenco. Os protagonistas, as figuras principais deste filme, estavam apenas fazendo sua entrada triunfal em um cenário que, por si, já abrigava muita gente.

Capítulo 5

Quem ama o pai ama o filho

Na primeira vez que ouvi essa expressão, ela não tinha sido dirigida para mim. Minha mãe usou-a como uma sentença irrevogável ao referir-se a uma amiga minha que estava apaixonada por um homem divorciado e se debatia entre o seu amor e os filhos do homem. Não que ela os odiasse. Detestava, sim, a ideia de ele ter filhos. Queria a árvore só para ela – sem os galhinhos que se impunham como um estorvo em seu desejo de iniciar um projeto em comum que fosse novo para os dois.

Minha amiga é uma dessas mulheres que sonharam com a chegada do príncipe encantado no melhor estilo dos contos de fada. Durante anos, jurou que jamais se envolveria com um homem divorciado. Tempos depois, teve de engolir as próprias palavras. O príncipe chegou com todos os atributos necessários para tornar a história de amor realidade, mas no meio do caminho cometeu um deslize e não teve outra escolha a não ser despertar minha amiga do sonho com a péssima notícia de que as duas crianças não eram os anões do conto de fadas, mas uma contribuição antecipada para a vida familiar que teriam juntos.

A notícia lhe caiu como um balde de água fria. Ela quase se afogou quando se tornou vítima da Síndrome da Obsessão

Paterna. Uma deficiência que, devido à culpa, atinge muitos divorciados e os leva a querer estar com os filhos 24 horas ao dia, sem ligar para as consequências nefastas que a atitude tem para seu novo relacionamento. Não deram tempo para minha amiga ser namorada. As crianças estavam sempre presentes: dias de semana, sábados e domingos. Parecia até que o regime de visitas do pai, se é que existia, era para ela. Aquela história de um fim de semana sim, outro não, ficou de fora, fazendo-a sentir-se deslocada e ao mesmo tempo imersa em uma vida familiar para a qual não estava preparada. Era uma mulher solteira, acostumada a ser o centro das atenções dos namorados anteriores, que, como ela, ainda não tinham passado por um altar. Sua relação com o mundo infantil parecia muito com a que tinha com os animais de estimação. Ao ver uma criança, comentava como estava grande ou bonita; fazia um carinho na cabeça dela e, ato contínuo, ignorava-a. Não sabia nada de crianças e estava descobrindo que, se elas serviam para alguma coisa, era para atrapalhar. O resultado era o que eu e minha mãe estávamos vendo: uma mulher apaixonada pelo namorado, mas que não podia suportar sequer a ideia das crianças. Declarou então uma guerra interna contra elas, que não tinham culpa de nada, exceto de serem filhas de um pai que estava fazendo as coisas do jeito errado.

Essa história, que incluía príncipe, princesa, bruxa e até anões, me vinha à cabeça toda vez que eu pensava nos filhos do meu namorado. É claro que, na minha idade e nas minhas condições, eu não esperava um homem zero quilômetro. Mas não me atraía em nada a ideia de conhecer as crianças, me desdobrar para agradá-las e começar a ensaiar o papel de madrasta. Muito menos se considerássemos que para este papel também não havia um manual de instruções. As únicas referências que encontrava a respeito eram justamente esses contos de fada, em que a principal função das madrastas consistia em ser o mais cruéis e desalmadas possível.

Minhas amigas do clube dos segundos casamentos saíram em meu socorro informando-me que, por enquanto, eu me limitava a ser namorada. Aparentemente, segundo elas, o maior erro que as mulheres cometem nessa situação é justamente entrar no papel antes do tempo. Isto pode ser contraproducente se considerarmos a natureza egoísta e cômoda dos homens, que, unida à tendência feminina de ajudar e resolver a existência deles, pode se transformar numa bomba-relógio.

As crianças vêm passar um tempo com seu pai. São responsabilidade dele, não nossa. Eu deveria repetir essa frase toda vez que essa tendência feminina se manifestasse. Em seu segundo casamento, os homens geralmente procuram alguém que também supra as funções de babá e os ajude com essas tarefas que eles não estão acostumados a fazer, porque, durante o primeiro casamento, era a mulher ou a empregada que se encarregava. Para nós, ver nosso galã enrolado com suas obrigações de pai de fim de semana é um prato cheio. Imediatamente assumimos a missão de resolver todas as suas tribulações domésticas porque estamos dispostas a fazer qualquer coisa para ganhar o amor e o reconhecimento do homem.

Tremendo erro. As crianças querem ficar com o pai, conviver com o pai. É a ele que cabe esses cuidados. Eu sabia disso pela experiência de algumas amigas que cometeram esse equívoco e depois tiveram uma imensa vontade de promover um homicídio coletivo que incluísse o namorado e os filhos. O que a princípio parece maravilhoso, porque nos aproxima da ideia de brincar de casinha, volta-se contra nós quando nos vemos dando banho nos filhos do nosso amorzinho e ele assistindo maravilhado ao jogo de futebol. No fim das contas, o sujeito acaba achando que essa é a nossa obrigação e até se ressente quando não estamos dispostas a cumpri-la. Nesse ponto todos concordam, tanto os livros como as veteranas: esse tipo de ajudinha entra na lista de ações que nos levam a dizer: "quem quer ajudar acaba se dando mal".

Tenho que admitir que esse comodismo paterno não contraria a constatação de que a grande maioria dos divorciados são melhores pais do que quando eram casados. São muitos os que, durante o casamento, não trocaram uma fralda ou não souberam o que era dar banho no filho. O divórcio os obriga a todas essas coisas e, sobretudo, a passar muito mais tempo com as crianças. Como na maioria das vezes é a mãe que ganha a custódia, os homens têm de se conformar com uma situação em que o juiz decide quando ele vai ver os filhos. Até hoje considero esses acordos uma grande injustiça com o público masculino. Acho muito triste que, além de não fazerem mais parte do dia a dia dos filhos, um estranho se dê ao luxo de fixar horários e datas para exercerem sua paternidade. Parece-me absurdo e fora de todas as leis humanas que tirem o direito dos homens de continuarem vendo seus filhos quando tenham vontade e que os coloquem na humilhante condição de pedir permissão para vê-los em dias que não forem os estabelecidos para eles, como se as crianças não fossem tão filhas dele como da mãe. Pelo visto, a sociedade e as leis consideram que os homens, ao se divorciarem, devem perder o direito de serem pais por tempo integral, independentemente de quem tomou a decisão de se separar.

E em muitos deles se nota esse abalo emocional paterno, e não da melhor forma. Minhas amigas do clube riam dessa teoria, certas de que eu pensava isso porque não tinha vivido, até esse momento, o papel nada agradável de ser a namorada de um papai.

– Você continua sentindo pena deles – me disse uma delas.

– É que a situação realmente me parece muito injusta e não acho que ninguém tenha o direito de dizer a um homem quando ser pai ou não.

– Isso soa muito bonito e justiceiro da sua parte, mas você pensa dessa forma porque não sabe como é estar no meio do drama. Pode acreditar que, quando você está metida na história, mesmo que as visitas sejam apenas às quartas ou de quinze em quinze dias, vão parecer excessivas.

– Deixa de ser mesquinha. Não é à toa que as madrastas têm essa fama. Não entendo por que vocês têm tanta dificuldade em aceitar que o cara é pai.

– Porque existe uma grande diferença entre ser pai por ser um cara legal e ser pai devido às suas capacidades reprodutivas. Escuta, quem diz isso é a voz da experiência. Essa história de filhos, por mais que você queira ver de forma positiva, é a raiz de muitos males.

– Eu não consigo acreditar nisso. Não vejo como umas crianças que não têm culpa de nada, que além de tudo são vítimas da separação dos pais, podem se transformar no que há de pior.

– E quem disse que a culpa é deles? Meu bem, se você vai realmente entrar nessa furada, é bom saber que a culpa não é das crianças, mas sim do seu futuro marido. E não por ele ser responsável. Mas sim porque os divorciados, se alguma coisa têm de sobra, são motivos para se sentir culpados.

Mais uma novidade. Além de estar cheio de familiares e de filhos, o sujeito tinha o dom da reprodução das culpas. Definitivamente, vinha com um monte de surpresas.

Filhos de menos pais

O sentimento de culpa, pelo que me lembro, é considerado um dos mais danosos que um ser humano pode ter. Ele nos deixa paralisados e provoca atitudes que acabam nos levando exatamente para o lado oposto do que queríamos inicialmente. Em uma sociedade moderna que se distingue justamente pela paternidade culpada, os divorciados sofrem desse mal em dose dupla, o que os transforma oficialmente em um centro ambulante de culpas.

Aparentemente, começa com a culpa de ter desfeito a família, não importa se a decisão foi deles ou não. Lembremos que são muitos os homens que dizem permanecer em casamentos que não funcionam por causa dos filhos. Pode ser uma desculpa para não tomar a decisão, mas não há dúvida de que, na hora da separação, as crianças são as maiores perdedoras. O medo de não conviver diariamente com os filhos e de que esse afastamento dê origem a uma relação distante em que eles se tornem estranhos leva a grande maioria dos divorciados a se sentir culpado de que o tempo dedicado aos filhos não é suficiente. Em um fim de semana, pretendem viver todos os dias e noites que perderam. Querem que esse tempo que passam juntos seja maravilhoso e que as crianças lembrem dele o máximo possível para querer voltar. Os pais começam então uma competição silenciosa para ver quem é o mais divertido, o mais encantador, compreensivo e generoso. No meio dessa disputa, podemos ser atropeladas. Com a ânsia de passar o maior tempo possível com os filhos, dar toda a atenção a eles, diverti-los constantemente, enchê-los de presentes e atender a todos os seus desejos, é possível que nosso homem nos relegue a um segundo plano.

Eu já tinha experiência nesse tipo de situação. Lembrava de um namorado que havia tido tempos antes que me obrigou a viver por alguns meses no que eu denominei "O mundo de Sarita". Como o cara viajava muito e passava toda a semana fora, chegou a um acordo maravilhoso com a ex: ficava com a filha todos os fins de semana em que estivesse na cidade. Adoraria dizer que ele foi suficientemente inteligente para não me fazer sofrer com a Síndrome da Obsessão Familiar, mas a verdade é que com ele foi muito pior. Sua vida, e portanto a minha, estava nas mãos de uma adolescente chamada Sarita. Todos os nossos planos dependiam do que a menina fizesse. Assim, à mercê do desequilíbrio hormonal de uma adolescente, ele cancelava jantares comigo porque tinha de ficar com ela. Uma hora depois me ligava, com voz de bezerro degolado, para reconsiderar, já que, como era óbvio, a menina tinha preferido seus amigos. Tenho que admitir que, se não fosse pelo fato de o sujeito não me fazer nem cosquinhas, certamente a situação teria produzido em mim um ódio impiedoso pela tal Sarita. Entretanto, a falta de amor me deu a maturidade para enfrentá-lo um dia em que quis me fazer sentir culpada por tê-lo deixado sozinho, quando se supunha que ele tinha planos com sua filha. Tivemos uma briga homérica porque ele chegou a recorrer aos tratados da Igreja para me fazer sentir culpada. Eu já estava trabalhando havia anos essa culpa herdada do cristianismo e esse cara "sem noção" achou que, com sua pose de vítima, ia me fazer nadar os quilômetros que me separavam da terra para encontrá-lo (estava em alto-mar). Ele já estava dizendo coisas que não devia e, quando falou que a culpa era da Sarita, que não o avisou a tempo, coloquei o dedo na ferida: "Você está enganado. A culpa é sua, porque não tem cabimento um homem de cinquenta anos deixar uma adolescente de quinze controlar sua agenda". É claro que, por razões óbvias, a relação não prosperou. Eu não estava apaixonada e, para piorar, o homem não tinha clareza quanto às suas prioridades. E não que eu pense, ainda que quisesse, que devemos ser a prioridade número um dos nossos amores. Mas não podemos permitir que nos desprezem. A relação também tem que ser uma prioridade para eles, porque, se não, ficaremos nas mãos de enteados e familiares, que não nos respeitarão porque o cara não soube reservar nosso lugar. Mas como, nesse aspecto da natureza masculina, a comodidade e a covardia estão sempre presentes, temos de travar uma luta constante por esse lugar.

– Vamos ver uma coisa – me disse uma amiga. – Se você está devendo a várias pessoas, a qual delas você paga primeiro: à que fica o tempo inteiro cobrando ou à que nunca cobra?

– Claro, à que fica o tempo inteiro cobrando. Para poder me livrar dela.

– Neste caso é igualzinho. Quem não chora não mama. E se você se faz de despachada dizendo que não se incomoda, que não é daquelas que fazem drama por qualquer coisa e que tem que ser um refúgio de paz, e não de guerra como sua ex, sabe quem vai prestar atenção em você? Ninguém, porque esse é o tipo fácil de esquecer.

Ou seja, eu tinha de me comportar como mais uma filha que tenta ganhar a atenção e o carinho do pai, enquanto meu namorado lutava exatamente para conseguir o contrário, o amor dos seus filhos. E não sei se é pelo fato de um juiz estipular seus momentos de serem pais ou porque eles não vivem o dia a dia com os filhos, mas os divorciados têm a tendência de acreditar que precisam ganhar o carinho dos filhos. É como se, com o divórcio, sua paternidade tivesse ficado em dúvida e se vissem obrigados a provar para eles que continuam sendo as pessoas que lhes deram a vida.

O pior dessa paternidade insegura e culposa de que eu já começava a ser vítima é que nós, os terceiros elementos, não podemos fazer nada a respeito. Estamos de mãos e pés atados pela linha tênue da discrição. A situação é difícil e delicada. Não se pode impedir um homem de exercer sua paternidade, mas ao mesmo tempo não devemos permitir que ele ignore nossa existência. Mais uma vez, temos de recorrer a uma virtude: a sutileza. Significa dizer as coisas e se impor, mas com o maior tato possível. Novamente caminhamos por um campo minado. Qualquer comentário pode provocar uma explosão e levar o relacionamento a terminar antes do tempo. Digo antes do tempo porque, nesta altura do campeonato, tenho que a nossa única garantia entre tantos obstáculos é que haverá um final – e não exatamente feliz.

– Nesse aspecto, a melhor opção é não se meter em nada a princípio. Melhor se fazer de boba, fingir que está tudo bem e que as crianças, apesar de hiperativas, mal-educadas e malcriadas, são adoráveis. Em boca fechada não entra mosca.

Foi o conselho de uma das veteranas do clube. Segundo ela, era a melhor opção, porque o trabalho diplomático supõe saber quando falar e quando ficar em silêncio. No início, era como se fosse contraproducente: ainda não tínhamos conquistado suficiente terreno nem confiança para que nossos comentários fossem recebidos de maneira positiva. Não devia esquecer que qualquer atitude contra as crianças levaria meu namorado a se aferrar ainda mais a elas, saindo em sua defesa e reafirmando sua paternidade já por si insegura. Pelos conselhos que eu estava recebendo, era quase melhor que os enteados me odiassem e me rejeitassem. Talvez eu devesse torcer para que isso ocorresse. Assim, asseguraria meu papel de vítima e ele se veria obrigado a sair com seu cavalo e sua espada para proteger esse modelo de virtudes que, por amor, aguentava em silêncio sua triste sina.

Mas a coisa se complicava, porque meu cérebro veio incapacitado para ficar calado. Muito menos quando considero que se está agindo de maneira errada, que há manipulação no meio e que as pessoas que eu amo estão se deixando levar por inseguranças. Ou seja, estavam me dando todos os ingredientes para falar pelas cinco vidas seguintes.

Nesse aspecto da culpa e do medo de que os filhos deixem de amá-los, os homens divorciados erram, e feio. Transformam-se em pais permissivos, frouxos, covardes, que os filhos controlam com o dedo mindinho. O complexo de culpa se une ao comodismo para educar, deixando que as crianças tomem todas as decisões, façam o que lhes der na telha e acabem sendo a autoridade do lar paterno. Frases como "é que só tenho o fim de semana e não vou ficar o tempo inteiro chamando a atenção deles"; "que saibam que na casa do pai eles são livres"; "assim se sentem em casa" saem dos lábios desses seres que, na condição de pais divorciados, perderam qualquer vislumbre de inteligência e se afundaram na idiotice absoluta. Qualquer pai de família que saiba um pouco de educação infantil entende que, se seus filhos precisam de alguma coisa, é justamente de disciplina, limites e senso de autoridade. Dessa forma, se sentirão amados e seguros. Mas não. A culpa é tão grande que leva certos divorciados a cederem a ponto de seus filhos se tornarem os patrões e senhores da casa.

Embora soe totalmente irracional, devo dizer que esse tipo de situação ocorre e, muitas vezes, para se manter ao lado do homem e se fazer de menos problemáticas, as mulheres seguem o jogo. Talvez duvidem que isso seja possível, pois só ajudam. Ou então seguem a corrente porque têm medo de discordar, achando que o marido pode armar uma briga ou mesmo terminar a relação. Mas quem quer ficar numa relação em que quem manda são os filhos? Não sei quantas mulheres vivem isso, mas eu conheci algumas que caem na armadilha. Estão tão apaixonadas que acham normal o comportamento de seu namorado, a ponto de não verem nada de estranho no fato de as decisões importantes do casal serem tomadas pelas crianças. Ouvi histórias e fui testemunha de relações em que os filhos decidem o lugar do casamento e o tipo de cerimônia que deve ser realizada. E a relação pode chegar ao ponto em que as crianças participam da lua de mel e acabam dormindo no mesmo quarto e na mesma cama dos recém-casados. Parece que esses casais não sabem que não cabe tanta gente numa cama. E, o mais importante, que, para as intimidades do casamento, nem os próprios filhos têm acesso permitido.

É preciso estar muito abobalhada ou apaixonada – o que é mais ou menos a mesma coisa – para ver o normal no absurdo. Mas isso ocorre, e muito mais do que se pensa. Conheço mulheres que chegaram a permitir que os filhos do marido escolhessem o nome do meio-irmão que elas levavam no ventre, e outras que se puseram na humilhante posição de esconder a gravidez durante meses à espera de que o marido encontrasse o momento ideal, ou a coragem, para contar às crianças.

Os filhos, que nesse tumulto se transformam na parte inteligente do enredo, aproveitam a situação para desempenhar um sofisticado método de chantagem emocional. Sabem que têm o pai em suas mãos, percebem a culpa que o corrói e, como são uns manipuladores do medo, não perdem a oportunidade de conseguir tudo que desejam. Mas, como mulheres, Deus nos livre dessas criaturas. E ai de nós se ousarmos intervir para tentar resgatar nossos homens da idiotice. Não seremos bem-sucedidas nem mesmo se demonstrarmos, através da psicologia e da experiência, que essa atitude, ao invés de ajudar a criança, transforma-a em uma profissional da chantagem, e é assim que aprenderá a se relacionar em sua vida adulta. Tudo o que dissermos será usado contra nós. Com sua permissividade, dão aos filhos uma lição de vida muito nociva e não há pior cego do que o que não quer ver.

No meu caso, se ele estava cego, eu tinha obrigação de ficar muda. Não havia tido filhos e isso me desabilitava para qualquer opinião a respeito. Porém, meu namorado não contava com o que reza o ditado: "a quem Deus não dá filhos, o diabo dá sobrinhos". É verdade que eu não tinha a experiência da maternidade, mas que entendia de crianças, entendia. Por isso, alguns comentários que ele fazia, como "você tem que entendê-los; são filhos de divorciados"; "coitadinhos, foram muito afetados pelo divórcio"; "não se pode ser tão exigente com eles, devido à sua condição", me enchiam de raiva. A culpa o fazia pensar que qualquer atitude diferente que os filhos tivessem era produto do divórcio: se estavam irritados, se respondiam mal, se andavam retraídos, se tiravam notas ruins, se choravam, riam, dormiam, comiam – tudo era parte desse grave erro que ele cometeu ao se divorciar. A culpa não lhe permitia entender que a grande maioria das atitudes e comportamentos errados de seus filhos tinha mais a ver com sua condição de crianças do que com o divórcio de seus pais.

– Você não entende porque não teve filhos. Não sabe o que é educar uma criança e a ignorância é atrevida.

Putz, essa doeu. Que golpe baixo.

– Não, quem não entende é você, que tem filhos mas não tem a mínima ideia de como as crianças se comportam. Por outro lado, eu não tenho filhos, mas sei que o que os seus filhos fazem e falam é a mesma coisa que todas as outras crianças do mundo, sejam filhas de divorciados ou não.

As crianças estavam começando a me pesar mais do que um baú de chumbo e o mais triste é que não tinham culpa de nada. Simplesmente seguiam as regras de um jogo proposto por um pai incapaz de entender que, da postura que ele adotasse em relação ao divórcio, dependia a forma como seus filhos o veriam. Meu Deus, vamos ser sensatos! Se o Roberto Benigni conseguiu, em A *vida é bela*, fazer seu filho acreditar que um campo de concentração nazista era parte de um jogo, estaríamos perdidos se meu namorado não conseguisse convencer seus filhos de que o divórcio era uma experiência dura, mas que no fim das contas podia ser positiva.

A conversa que um amigo divorciado teve com sua ex por telefone me levou a perceber que, se a coisa estava ruim para o meu lado, também não estava grande coisa nas bandas dele.

O pobre sujeito – digo pobre porque sua atitude era humilhante – pedia, com toda humildade e medo possíveis, o favor de ver seus filhos em um fim de semana que não era o dele. Esse homenzarrão, reconhecido por sua capacidade de mando e seus êxitos como líder empresarial, parecia um menino amedrontado que pede para sua mãe um doce antes da refeição. Quando desligou o telefone, ficou submerso em um transe de resignação e impotência:

– Ela diz que vai ver o que pode fazer. Parece que já tinha feito planos – me disse, tentando se desculpar por sua submissão.

– Você acha que pode haver para as crianças um plano melhor do que passar um tempo com o pai?

– Não, mas vai lá e diz isso para a bruxa da minha ex-mulher.

E realmente era uma bruxa. Ao se divorciar, esqueceu que, como mãe, deveria estar disposta a sacrificar tudo por seus filhos e nunca fazer mal a eles. Aparentemente, isto que seria um instinto tem suas exceções, dependendo das conveniências. Uma delas pode ser a de usar os filhos como armas de despeito, quando se trata de vingar-se do ex-marido. Meu amigo era vítima de uma mãe que considerava os filhos sua propriedade privada, sabotava as visitas paternas, colocava as crianças em uma encruzilhada de lealdade – obrigando-as a tomar partido – e controlava impiedosamente a relação entre pai e filhos.

O medo de perder contato com seus filhos e de que, por sua ausência, as críticas de sua mãe prevalecessem sem ele poder se defender, levou esse homem a transferir a sua ex-mulher seus direitos de pai. Do alto de seu púlpito, a mulher manipulava o ex-marido à custa dos filhos e ele acabava cedendo a seus caprichos, implorando e pedindo licença para ser pai. Tudo para continuar perto das crianças.

"Há de tudo na vinha do Senhor", me disse uma divorciada com filhos e namorada de um zero quilômetro. "O problema é que essa velha ainda está magoada. É puro despeito, porque eu na verdade agradeço que meu ex fique com os filhos quando quiser. É mais tempo para mim e para o Felipe como casal. Mas não é só egoísmo da minha parte. Ele é pai deles e essa é uma relação inalienável em que eu não vou me meter nunca porque as crianças precisam do seu pai tanto quanto de mim."

Além de ser uma pessoa inteligente, minha amiga contava com a maravilha de ter um namorado e de ter deixado o passado para trás. Por outro lado, meu pobre amigo ainda se veria diante de uma longa trajetória de despeito e vingança. O pior é que tinha cedido muito espaço e não há nada o que fazer diante de uma ex disposta a transformar sua vida num inferno. Sua única esperança era que a mulher se apaixonasse. Certamente nesse caso o deixaria em paz e ele passaria a considerar esse estranho seu salvador. Não lhe restava outra alternativa que acender velas para santo Antônio e pedir um amor, não para ele, mas para sua ex-mulher.

Embora todas essas experiências alheias parecessem suficientes para compreender que esse projeto de segundo casamento estava cheio de obstáculos que beiravam um pesadelo, o amor me levava a buscar histórias piores do que as minhas para me sentir menos ferrada. É como quando as coisas vão mal e a gente vem com uma declaração otimista: "pelo menos estou com saúde". Não deixa de ser um consolo – sem isso eu estaria morta; ou seja, o momento é tão tenebroso que temos de agradecer que pelo menos ainda estamos vivas.

Neste caso eu tinha uma ex e uns filhos que eu teria feito desaparecer com muito gosto. Evidentemente eu também conhecia histórias de homens que abandonaram tudo pela nova mulher. Devo confessar que várias vezes quis ser uma delas. Meu ego, junto com meu direito de propriedade sobre o homem amado, me fazia sonhar com um homem capaz de largar filhos, família, amigos e ex-mulher somente por minha causa. Eu, a mulher de sua vida; eu, a única capaz de apagar esse passado; eu, a fonte de um amor tão poderoso.

Não sei se minha consciência ou minha inteligência são maiores do que meu ego, mas, quando escutava essas mulheres se vangloriarem de um homem capaz de amá-las a ponto de se esquecer dos filhos e da família, tinha sérias dúvidas sobre essa capacidade. No meu código de vida, quem fizesse esse sacrifício entraria na categoria de pessoa perigosa, de homem incapaz de amar outra pessoa que não ele mesmo e seus próprios interesses. Já me via, anos depois, como vítima desse mesmo esquecimento, quando aparecesse um novo amor que pudesse servir novamente como uma borracha eficaz.

Definitivamente, meu ego não era tão grande a ponto de me fazer pensar que eles não fariam comigo o que fazem com outras pessoas. E mais: diante da possibilidade de um homem desse tipo, preferia ficar com o meu. Seu empenho em ser um bom pai e manter uma boa relação com sua ex dava a ele uma alta pontuação na minha escala de valores. Era um ser comprometido com seus afetos e suas responsabilidades, e essa é a melhor referência que se pode ter da pessoa que se ama.

Meu amor vinha com seus rebentos e, embora não concordasse com o provérbio dito por minha mãe – "quem ama o pai ama os filhos" –, eu estava consciente de que ou comprava o pacote completo ou o abandonava. No meu íntimo, travava uma batalha entre o amor e a paz. A ideia de me ver diante de seus filhos me dava um pânico enorme. Ansiar, como uma menina, que as outras crianças me aceitassem e me deixassem participar da brincadeira, parecia-me patético a esta altura da vida. Só podia estar louca para querer representar o personagem com pior reputação da história dos contos de fadas. Enganei-me terrivelmente quando pensei que, na minha própria história, eu tinha deixado de ser a bela princesa para virar a quarentona. Já não podia sequer aspirar ao título de princesa. Se eu queria continuar na história, meu novo roteiro reservava para mim, certamente com lágrimas e sangue, o desagradável papel de madrasta.

Capítulo 6

De princesa a bruxa

Tenho de admitir que o papel de bruxa não era novo para mim. Devido aos desequilíbrios hormonais masculinos, quase todas as mulheres passaram de princesa a bruxa em algum momento da vida. Refiro-me à experiência, nada agradável, de ter sido a mais charmosa, a mais bonita, a mulher perfeita e amante mais ardente, para, de uma hora para outra, se ver na dura realidade de que o encanto acabou. Transformamo-nos em umas dramáticas, cansativas, um pouco acima do peso, com uns buracos antes invisíveis nas pernas, e até nas pessoas menos compreensivas. Em poucas palavras, numas bruxas.

No mercado de segunda mão, esse tipo de evolução é parte essencial da relação. A grande maioria dos divorciados saiu do amor para o desamor e, portanto, nosso objeto de devoção – por razões óbvias – parou de nos encantar com suas qualidades e passou a nos causar uma tremenda fobia. Por isso, deixar de ser a princesa para se tornar a bruxa é um passo obrigatório nas relações de hoje. Muito poucos divorciados aceitam essa dura realidade. Para eles, sobretudo homens, é mais fácil acreditar que nunca foram apaixonados pela ex-mulher. Chegam a se convencer de que se casaram por tudo, menos amor. Essa postura é bastante comum se considerarmos que os homens não gostam de errar – ou, pior, odeiam admitir um erro. Por isso, são bem frequentes desculpas como: "me casei porque ela estava grávida"; "os pais dela praticamente nos obrigaram quando descobriram que rolava sexo"; "ela me pôs contra a parede". As minhas favoritas, que mais me divertem, são as que falam num espírito maligno que os possuiu e os conduziu ao altar sem que se dessem conta. Quando conseguiram se exorcizar, já era muito tarde. Estavam casados com uma pessoa que não amavam, mas com quem tiveram um filho e outro e passaram vários anos dividindo vida e cama. Até que um dia despertaram dessa letargia, que imagino tenha ficado neles como sequela de terem sido possuídos, e decidiram que já era hora de enfrentar a bruxa, abandoná-la e sair em busca de uma nova princesa.

Essa é a história que eles contam. Não com as mesmas palavras, mas não vejo outra forma de explicar que alguém tenha se casado por uma razão tão ilógica como "não sei o que aconteceu comigo". Como divorciada, eu os entendo, porque, quando o amor acaba e os anos passam, é muito difícil encontrar as razões pelas quais estivemos apaixonados. O coração é assim ingrato. Custa admitir que amamos alguém a ponto de jurar eternidade e que, tempos depois, essa pessoa seja a mesma que nos faz exclamar: "Mas o que é que eu vi nele?".

Por isso, o papel de bruxa não era novo para mim. Mas há uma grande diferença entre ser a bruxa para um homem – quando certamente virá outro que nos verá como princesa – e ser a reencarnação, ao vivo e em cores, do personagem mais temido dos contos de fada. Se eu buscava referências sobre meu novo papel, devia me remeter à Branca de Neve e à Cinderela. Não que eu continuasse acreditando nos contos, porém o mais provável é que esse fosse o parâmetro que meus futuros enteados tinham do meu papel em suas vidas. A história da Cinderela não me preocupava muito, já que, como eu não fui mãe, não havia a possibilidade de que houvesse esse tipo de preferências entre filhos e enteados. E, no caso da Branca de Neve, a verdade é que meus encontros com o espelho tinham mais a ver, não com encontrar a mulher mais bonita do reino, mas com contar rugas, descobrir novas manchas e esticar a pele do pescoço para comprovar o dano que a lei da gravidade estava me causando.

Mas, por mais que eu tentasse banir da minha cabeça a ideia de ostentar um título tão desprestigiado, não podia deixar de pensar que, quisesse ou não, eu era a madrasta. Os filhos do meu namorado já estavam bem crescidinhos para pensarem na possibilidade de eu envenená-los, obrigá-los a limpar toda a casa, vesti-los com farrapos e deixá-los no sótão fazendo companhia para as ratazanas. Esse era um ponto a meu favor. No mais, o placar estava contra mim, porque não existe criança no mundo que receba de braços abertos um ser que chega para separar de maneira definitiva seus pais. As madrastas modernas não são feias, desalmadas, manipuladoras e muito menos querem colocar seus enteados contra o pai. O máximo que fazem é desejar, sabendo que o desejo não será cumprido, que as crianças desapareçam da face da terra. Entretanto, por mais que eu procurasse conotações melhores para meu novo papel, esses contos de fadas ficaram tão gravados em nossa memória que eu mesma me vi, mais de uma vez, dizendo a alguma amiga que ela parecia uma madrasta quando repreendia seus filhos de forma muito dura. Estava começando a sentir pânico desse papel e, inclusive, cheguei a pensar que, se o assumisse, corria o risco de libertar a mulher malvada que havia em mim. Não, eu não estava ficando louca. É que, até então, tudo que estava ligado a essas crianças me inspirava temor, angústia, ansiedade, ciúme, embaraço, insegurança, impotência e até uma vontade imensa de eles não existirem. Quase entendia a madrasta da Branca de Neve e sua maçã envenenada. Eu não queria matar as crianças, mas teria eliminado com prazer o passado do meu namorado para não ter de passar pela situação de me ver cara a cara com os filhos dele. Ainda não tinha assumido o papel, mas dentro de mim a bruxa já estava sendo gestada. Era como um desses homens bons e de grande consciência social que decidem seguir carreira política com as melhores intenções, mas depois descobrem que a posição desperta neles uma incontrolável vontade de roubar. Eu estava igualzinha: a possibilidade de ser madrasta extraía o pior de mim, antes mesmo de as pobres criaturas caírem nas minhas garras.

Claro que meu amado, pai das crianças, não tinha a menor ideia dos pensamentos homicidas e perversos que me espreitavam. Eu estava levando a sério aquele conselho de ficar calada. Além disso, esperava que a Rosaura boa, essa que fui a vida inteira, que adora as crianças, derrotasse a recém-surgida velha cruel e desalmada que ameaçava se apoderar de mim. O sentimento de culpa estava me roendo. Adorava meu namorado, desejava que tivéssemos uma relação clara e honesta, mas lá estava eu, escondendo graves sentimentos relativos a seus filhos. Não queria que ocorresse com ele o mesmo que com tantos homens, vítimas de mulheres interesseiras que lhes falam da beleza dos filhos quando, na verdade, os odeiam e não veem a hora de se casar para começar a luta para tirá-los da vida do marido. Essas são as madrastas de verdade, que continuam dando péssima reputação ao papel. Mas elas existem, em número maior do que o desejável. E, do jeito que as coisas iam, eu estava seguindo o mesmo caminho.

– Acho que me transformei na madrasta dos contos de fadas antes mesmo de conhecer minhas vítimas – disse, desanimada, a uma amiga que adora seus enteados.

– Puro pânico – respondeu, rindo. – É normal que você se sinta assim. Considerando a fama do papel e a insegurança em conhecer as crianças, é compreensível que você queira fazê-las desaparecer.

– Que alívio. Estava me achando muito parecida com a madrasta da Branca de Neve... Mas se é só no começo...

– Também não se iluda. Você vai sentir isso muitas vezes, não só no começo. Mas, olha, isso acontece até com os próprios filhos, que a mãe muitas vezes gostaria que sumissem. Como é que não vai acontecer com os enteados? Faz parte da vida.

– Você me tirou um grande peso da consciência. A última coisa que quero é chegar à vida dessas crianças como a vilã da história.

– Quanto a isso não tem jeito.

– O quê?

– Isso mesmo, querida. No começo você vai ser a má, independentemente de ter sido ou não a mulher que provocou o divórcio. E o melhor conselho que eu posso dar é não levar para o lado pessoal. Não tem a ver com você, mas com qualquer mulher que estivesse no seu lugar.

A situação ficou complicada. Apesar de já ter a rejeição inicial garantida, o que se esperava de mim não se pediria nem mesmo da Madre Teresa de Calcutá, por mais generosa ou santa que possa chegar a ser. Era demais para o meu corpinho.

Em terreno minado

"O sonho de todo filho de divorciado é que seus pais voltem a ficar juntos", li numa revista. Pelo que dizia a matéria, não importava há quantos anos os pais estivessem separados. Os filhos mantinham sempre essa esperança. Evidentemente, isso me colocava, assim como todas as candidatas a um casamento com um divorciado, na posição nada confortável de ser a prova de que esse desejo não seria cumprido. Enquanto eu existisse, papai e mamãe não poderiam voltar a estar juntos. Por isso, desde o início, a guerra está declarada e nós somos o inimigo. As armas que esses pequenos guerreiros empunharão vão desde o desprezo total à manipulação, passando pela chantagem emocional e pela indiferença absoluta. Teremos de nos defender com paciência, compreensão, discernimento e empatia. O que quer dizer que os meninos têm a arma química e as madrastas permanecem com uma maçãzinha envenenada, que, se não matou a Branca de Neve, não vai fazer nem cosquinha nos inimigos modernos, os quais, contrariando a enteada do conto de fadas, têm todas as informações sobre seus direitos.

A esta altura, eu estava farta de que sempre se esperasse o entendimento da minha parte. Sentia-me num mundo em que cabia a mim carregar toda a compreensão nas costas. Irritavam-me frases como "você precisa entendê-lo e apoiá-lo, os homens são assim e você é uma mulher suficientemente inteligente para compreender isso"; "por favor, são crianças; coloque-se no lugar delas, a adulta é você". Quando seria minha vez de ser entendida? Onde estavam os livros que diziam "*como entender sua namorada quando você é divorciado*"? Ou *Manual para as crianças entenderem sua madrasta*? Em nenhum lugar. Aparentemente, com esse papo de que eu era mais inteligente e mais madura, deveria me sentir superior e, portanto, ser a pessoa responsável por tolerar. Pois estava cansada. Tinha urgência de ser a mais bruta e a mais imatura para que alguém se ocupasse das minhas emoções e sentimentos.

– Já decidi – comentei com uma amiga. – É melhor o amor me esperar para a próxima vida. Já fiz até inventário e um e outro cara que na época declarei como perda seriam ótimos candidatos para minha próxima vida.

– O que o medo não faz... Deixa de besteira. Também não é assim tão ruim. Se outras pessoas conseguiram, por que você não vai?

– Porque isso está me afetando fisicamente. Estou com o fígado seco de tanto fazer das tripas coração. Estou a ponto de fazer um transplante.

– Mas o que é que te preocupa tanto?

– Não ser aceita pelas crianças, que elas armem uma guerra contra mim, que eu não tenha paciência e compreensão suficiente para lidar com tudo isso, que, por não ser mãe, não saiba controlá-las, que me odeiem... e cem mil outras coisas que, se eu continuar listando, só pararia de falar na outra vida e aí a conversa já estaria obsoleta.

– Você está botando o carro na frente dos bois e por isso se complica. Primeiro, para de pensar tanto e querer controlar o futuro. Segundo, é óbvio que vão te odiar. O carinho vai crescer pouco a pouco com a convivência, e, se não, tudo bem. Você não precisa gostar deles por obrigação.

Que alívio! Não existiam obrigações amorosas, não precisava me sentir culpada se o ódio e a rejeição eram o que me unia a meus enteados. De certa forma, era como um mau casamento, mas ao contrário. Quando uma pessoa se casa, inicia a relação no amor. Depois acaba no ódio. Neste caso, começava-se com ódio para depois passar ao amor. A diferença também estava no fato de que, com o marido, todos os insultos vão dirigidos a você. No caso da madrasta, tudo o que se dissesse ou fizesse contra ela teria a ver com o papel que ela representa na obra e não com a pessoa que dá vida ao personagem.

De certa forma, eu devia lidar com meus enteados da mesma maneira como fizera, durante anos, com meus sobrinhos e os filhos dos meus amigos. Não me ressentir nem fazer drama por frases que me eram familiares como "não te amo mais", "você está feia", "não quero sair com você, mas sim com minha mãe". Também não devia ligar quando limpavam a bochecha depois de beijá-los ou quando simplesmente se recusavam a me dar um beijo. A questão fica mais problemática quando as crianças não são tão pequenas e, no entanto, nos desprezam a torto e a direito. Não é a mesma coisa receber um insulto de uma criança de três anos e de um marmanjão de quinze. Digam o que quiserem, mas nesse caso não há paciência nem compreensão possíveis. Só uma imensa vontade de estrangulá-los.

O conhecimento é a base da compreensão, me disse um psicólogo infantil. Imediatamente depois, passou a me entregar estudos sobre como o divórcio influi nos filhos, dependendo da idade que tenham. Era o que me faltava. Eu, que odiava estudar, agora estava lendo e tentando decorar – o que já não era fácil – os modelos a serem seguidos com meus futuros enteados. Dadas as circunstâncias, os resultados eram melhores do que o esperado. As crianças na idade pré-escolar sofrem mais do que os que têm entre seis e nove anos. Eu teria pensado que não, que, quanto mais novos, menos percebem as coisas. Mas, como nesse tema das separações nada está estabelecido, a verdade é que os pequeninos são mais propensos ao sentimento de abandono. E, como não entendem as razões, sofrem pensando que, se o pai foi embora, a mãe também pode fazer o mesmo; se o pai abandonou a mãe, a mãe também pode abandoná-los. A partir dos seis anos, não que aceitem melhor a separação, porque muitos chegam inclusive a culpar-se, mas, assim como os mais novinhos, têm a vantagem de aceitar a nova esposa do pai sem tanto drama devido à grande capacidade de se adaptar a novas situações. Já aos nove anos, a coisa vai ficando pior. São mais conscientes da ruptura e do poder que têm. A raiva, a depressão e a ansiedade os tornam agressivos e são suficientemente mocinhos para aperfeiçoar a arte da chantagem e da manipulação. Com os adolescentes, nem os próprios pais têm um caminho de rosas garantido. O desequilíbrio hormonal próprio da condição de adolescentes, junto com a separação dos pais, forma uma mistura fatal. Atacarão pai, mãe, madrasta e tudo o que lhes atravesse o caminho, sem nenhum tipo de consideração, pois pensam que o mundo gira ao redor deles. Mas as coisas não são tão ruins como parecem. Há provas de que as crianças que vivenciaram a separação nessa etapa amadurecem mais rápido, são mais abertas a novas possibilidades, mais independentes e têm uma visão de mundo mais tolerante.

Com toda essa informação, faltava saber a que categoria pertenciam meus futuros enteados. Se eu entendesse como eles estavam lidando com a separação, podia ajudar com minha postura, fazendo com que a entrada em cena da madrasta não fosse tão dramática. Ou, pelo menos, não me sentiria tão agredida com aquela história de que mal de muitos, consolo de bobos. Além disso, pensar na "ferradosofia" (leia-se eu não sou a única ferrada) sempre dá paz ao espírito. E eu tenho de admitir que, lendo esses estudos, de repente me caiu a ficha de que eu não era a única protagonista nessa história de terror. Sim, a situação era difícil para mim. Realmente eu tinha me metido numa encrenca. De fato, o grande peso recaía em meus ombros, como, historicamente, sempre ocorreu com as mulheres. Porém, se eu estava passando por maus bocados, as crianças não viviam exatamente no paraíso. Pelo menos, a decisão de continuar nesta maluquice dependia de mim. Elas, por sua vez, deviam acatar o que lhes fosse dado. Meu coração chegava a encolher pensando em todas essas crianças nas mãos de madrastas malvadas e sem poder fazer nada a respeito, porque ficam à mercê de pais que veem e sentem com a cabeça de baixo.

Definitivamente, não há nada como se colocar no lugar dos outros para compreender suas atitudes. Talvez não agíssemos da mesma forma que eles, mas pelo menos ficamos com a compreensão e a empatia. O segundo casamento não era fácil para nenhum dos envolvidos e, se eu tinha pânico em conhecer as crianças, certamente elas se sentiam da mesma forma. O medo da rejeição, as inseguranças e a ansiedade não conhecem idade. Meus medos nasciam da angústia feminina de querer que tudo fosse cor-de-rosa, de que meu amorzinho ficasse orgulhoso de mim, de conseguir ser a mulher ideal em todos os sentidos, até como madrasta. O medo dessas crianças se baseava na possibilidade de perder o carinho do pai, na dúvida entre ser leal ao pai ou à mãe, em ter como madrasta uma desconhecida que caiu de paraquedas. Sob esse ponto de vista, as crianças tinham questões mais importantes a temer. Minha tarefa era espantar esses medos, começando pelo que me afetava diretamente: provar para eles que eu não era a madrasta dos contos de fadas. Mas, sobretudo, sobre todas as coisas, provar que eu não pretendia, sob nenhum aspecto, agir como uma segunda mãe.

Mãe há uma só

Entre outras coisas porque, por mais que uma pessoa adore a mãe, não há como aguentar duas. A ideia não é ocupar o lugar de ninguém porque esse tipo de deslize sempre provoca confusão. No grande teatro da vida, é muito importante manter-se no lugar que corresponde a cada um de nós. A experiência me ensinou que, quando nos empenhamos em exercer o papel de outro, acabamos pagando pelo que não fizemos.

Para variar, num relacionamento entre divorciados, errar de personagem é muito mais perigoso do que em qualquer outra situação. Os papéis não estão claros e, para piorar, não temos referências que nos ajudem a ter uma boa atuação. A maioria das pessoas aprende a ser pai ou mãe baseando-se no exemplo de seus próprios progenitores, mas são muito poucos os representantes da minha geração que tiveram uma madrasta. De todo modo, aqueles que passaram pela experiência de ser enteados o fizeram por culpa de uma morte e não de um divórcio. Nesse caso, o cenário era bem diferente, porque a madrasta era obrigada a agir como mãe de crianças que precisavam da figura materna.

No caso dos filhos dos divorciados, a mãe não foi para o céu. Continua viva e saltitante. Esse papel, portanto, já tinha dono e estava fora do meu alcance. Como madrasta, esperavam outras coisas de mim, entre as quais um grande tato. Quais eram as outras coisas? Não estavam muito claras. Sabia apenas que, embora a ideia tivesse me atraído várias vezes, não se tratava de envenenar as crianças com maçãs, nem mandá-las para o sótão e tampouco obrigá-las a trabalhar como minhas serviçais. Uma boa madrasta é a que sabe quando deve se meter e quando não. Li isso em um dos livros de autoajuda e me perguntava quais eram essas situações.

À minha volta, contava com várias amigas madrastas. Todas mulheres solteiras que se casaram com um pai divorciado. Analisando-as, agiam de forma tão diferente que só me confundiam mais. Tinha a que se entregara completamente às crianças. E não me refiro a uma entrega amorosa, mas ao ato de, para manter as coisas numa boa, delegar aos enteados o comando e as decisões de sua vida. É claro que, hoje em dia, essa minha amiga não é mais madrasta. O casamento terminou por razões óbvias: ninguém pode viver num mundo ao contrário, em que os adultos acatam as ordens e os desejos das crianças.

Também fazia parte do meu círculo a amiga que mal suportava os enteados. Não perdia a oportunidade de criticar as crianças e o termo mais bonito que usava para descrevê-las era "os malinhas". Em poucas palavras, creio que vem a ser a versão moderna e estilizada das madrastas más. Continua casada, mas a verdade é que seu marido não conta com minha admiração nem meu respeito diante da fraqueza de caráter que demonstra permitindo tantos atropelos contra os próprios filhos.

No meu estoque de amigas casadas com divorciados há também a que começou detestando os enteados e acabou se tornando a grande defensora deles ante as negligências do marido e da ex. Se antes não podia vê-los nem de longe, hoje vive a estranha circunstância de levar todo mundo, inclusive ela mesma, ao psicanalista infantil para tentar fazer os pais entenderem o mal que estavam causando aos filhos. É claro que não chegou a esse ato de desespero por sua infinita bondade. Simplesmente estava cansada de um marido que nunca estava em casa quando os filhos chegavam e não dedicava tempo suficiente para eles. Ou de se ver constantemente comprando roupa porque a mãe não tinha tempo para isso e não se importava em deixar os meninos esfarrapados. Ou de levar para o dentista o garoto que há vários dias se queixava de dor de dente. Ou até mesmo de mentir para as crianças durante as férias dizendo que a mãe deles tinha ligado para saber como estavam, quando na verdade ela estava tão bem com o namorado que nem se lembrava de que tinha filhos.

Neste inventário de madrastas, não posso deixar de mencionar a que resolveu se encarregar de tudo, por culpa da mania que nós mulheres temos de querer facilitar a vida dos homens, ainda mais quando se trata do objeto do nosso desejo. Essa amiga se deu ao trabalho até de preencher os espaços vazios que o marido deixava. Mesmo que o pai estivesse viajando, ela tomava conta da criança. No fim de semana, era ela que buscava o menino e o distraía, enquanto o marido estava no escritório. Ela pensava, em seu íntimo, que estava fazendo um enorme favor, tanto para o pai como para o filho. Até que o tiro saiu pela culatra. Tanta generosidade, preocupação e compreensão com a ausência de seu próprio marido se voltaram contra ela. A criança começou a odiá-la porque ia para a casa do pai para vê-lo e não para ficar com a madrasta. Diante disso, ela se tornou uma lembrança constante de um pai que só vivia ausente.

Tiveram que ir ao psicólogo para minha amiga entender que estava ocupando um lugar que não lhe cabia, e que tentar suprir as faltas do pai não ajudava nem a criança nem o folgado do seu marido.

Neste rosário de amigas madrastas, embora pareça mentira, também tenho uma que está convencida de que os filhos de seu marido são dela. Devo esclarecer que não é um caso normal. Para isso acontecer, é preciso ter a natureza piegas da minha amiga, que sempre consideramos a Susanita da Mafalda. Ela ama muito as crianças e nós que a rodeamos passamos a vida explicando que não são seus filhos toda vez que ela fala dos meninos e diz com muito orgulho: "pois meus filhos...". Não conseguimos resgatá-la totalmente do seu erro nem mesmo lhe apontando um futuro cheio de frustrações e decepções da parte de uns enteados que não sabemos como vão ficar. No fim das contas, esse caso é tão raro que quem menos ajuda é a mãe das crianças, que liga para a minha amiga todo Dia das Mães para felicitá-la por ser tão boa mãe para seus filhos. Fellini teria feito maravilhas com esses personagens tão *sui generis*.

Pode ser que a minha amiga e a ex de seu marido estejam exagerando, mas tenho certeza de que estão fazendo a coisa certa. Por meio dela e de outra amiga do clube das segundas mulheres, cheguei à conclusão de que, se você for se responsabilizar, mesmo temporariamente, pelas crianças, tem a obrigação de se dar bem com a mãe delas. É claro que nem sempre é possível, sobretudo se nos vemos diante de uma ex determinada a destruir nossa vida, sem se importar que a das crianças também seja afetada. Mas, se esse não é o caso, devemos ter maturidade suficiente para manter uma relação cordial. Até porque essas crianças vão conviver conosco e o fato de verem que a relação está boa e que existe uma frente comum diminui muito as manipulações e chantagens.

Pelo menos é o que elas me contam. Aparentemente, nesse aspecto das relações entre madrasta e mãe, os filhos muitas vezes concluem que há rivalidade e se aproveitam da situação. Começam uma manipulação horrorosa e se valem disso para fazer o que lhes dá na telha. Por esse motivo, diante de comentários como "minha mãe, sim, me deixa ver televisão até as dez da noite", a melhor atitude deve ser: "Dá licença, meu bem, vou ligar para a sua mãe para ver se é verdade". Caso encerrado. Quando a criança escuta a madrasta falando com sua mãe, sabe que o joguinho não vai funcionar porque há linha aberta entre as duas e possibilidade zero de manipulação.

Sempre fui uma grande defensora da "amizade" – sim, entre aspas – entre a primeira e a segunda mulher quando existem filhos na história. Mais do que isso: se eu for um pouquinho além, considero que, mesmo não sendo o socialmente correto, creio que deveria haver uma conversa com a ex do namorado para conhecer a outra versão da história. É que não é possível que ela tenha sido a bruxa, a pouco compreensiva, a apática e não sei quantos defeitos mais, enquanto nosso amorzinho foi um modelo de virtudes que se limitou a tolerar resignadamente. Ora bolas, estamos falando de homens! Por mais apaixonadas que estejamos, não podemos ser idiotas a ponto de acreditar que o maior egoísmo ambulante da natureza aguentou, aguentou e aguentou, até não poder continuar nesse inferno. Se ele estava com essa mulher, era por algum motivo. E não é preciso ser muito inteligente para saber que não existe ser do sexo masculino capaz de sacrificar sua vida pela vida de outra pessoa. Esse terreno é exclusivo das mulheres.

Sei que não é possível a ideia de sentar com a ex para se inteirar do outro lado da história. Não que não seja factível, mas sim porque, nesses casos, quanto menos soubermos, melhor. Assim mantemos intacta a licença emocional que nos permite odiá-la a nosso bel-prazer e evitamos a possibilidade de obter informação capaz de tirar nosso namorado do pedestal em que o colocamos. Mas conversar sobre os filhos me parece de grande importância. As crianças viverão parte do tempo conosco, em nossa casa, em nossa vida. Portanto, deve haver uma frente comum para marcar os limites e as regras.

Mas não é fácil. Os psicólogos e especialistas no assunto afirmam que as crianças são mais adaptáveis do que pensamos e a existência de regras e normas diferentes os torna mais tolerantes com o mundo, levando-os a aceitar com mais facilidade outros pontos de vista e respeitar os outros em seu próprio ambiente. Não vou discutir com os especialistas – até porque tenho certeza de que eles estão cobertos de razão –, mas acho que eles esqueceram de levar em conta o comportamento dos adultos nessas situações. No meu caso, os problemas não são as crianças. Se existe algo claro para mim depois de ter feito 40 anos é que sou menos tolerante, menos adaptável e que considero que o respeito aos outros começa no meu ambiente. Ou seja, o problema sou eu. E sobre isso não há estudos nem estatísticas porque ninguém escreveu um livro sobre o papel de uma madrasta quarentona que vive sozinha há onze anos, que aprendeu com esforço a ser egoísta e de repente tem de retornar à infância e esquecer todas as adoráveis neuras da maturidade.

É que, como tudo na vida, a maturidade tem partes boas e ruins. Entre as ruins, estão o cansaço emocional e a incapacidade para sonhar com mundos encantados. Com certeza, na minha juventude, esses obstáculos teriam sido insignificantes. De verdade. Quando era jovem, tive um namorado com quatro casamentos no currículo e dois filhos de diferentes mães. Em nenhum momento questionei a situação e a possibilidade de o sujeito ser bem instável para, aos 33 anos, ter um histórico tão movimentado. Ao contrário, a idade e a ignorância me fizeram acreditar que não havia nada de mau e que eu seria a mulher definitiva dele. Naquela época, era eu a pessoa adaptável, inconsciente e disposta a experimentar tudo sem medo.

Gardel estava bem equivocado quando cantava que vinte anos não são nada. No meu caso, eram suficientes para ficar enrolada como carretel e com a clara consciência de que, se não fizesse algo, estaria prestes a entrar numa situação que me levaria sem nenhum esforço a meu nível de incapacidade.

– Talvez eu não tenha nascido para isso – disse a uma amiga. – Na vida é extremamente importante sermos conscientes das nossas capacidades e eu não tenho a menor necessidade de exercer funções para as quais não estou preparada. Já decidi que não nasci para ser mãe. Então, você pode me dizer de onde tirei essa ideia de ser madrasta?

– São duas coisas diferentes. Dois papéis distintos.

– É quase a mesma coisa. E mais: para mim, a palavra madrasta soa como mãe que arrasta. E, quando alguém arrasta alguma coisa, é porque é muito pesada; se não, carregaria.

– Olha, esse é o tipo de coisa na vida em que não se pensa muito, senão você acaba fugindo. Além do mais, a pior coisa que você pode fazer é querer que lhe deem um manual de instruções: não existe. Para ficar mais claro, é algo com que você vai lidando e aprendendo no caminho. É um aprendizado de vida, não existe um livro que assegure o seu sucesso ou evite o seu fracasso.

Tanto isto era verdade que a maioria das minhas amigas veteranas dos casamentos com divorciados, à custa de erros e acertos, ia encaixando as peças de seu novo quebra-cabeça familiar. Todas concordavam que era preciso tentar estabelecer regras e normas o mais parecidas possível para as duas casas. Fazer as crianças entenderem que talvez haja coisas que na casa da mãe estejam certas, mas que não necessariamente estarão na nossa. Sem que isso signifique que nós temos a razão. Levá-los a participar dos acontecimentos familiares e mostrar que o fato de termos nossas normas não quer dizer que tentamos educá-los como se fôssemos sua mãe. Nosso papel é mais de cúmplices e amigas. E não esquecer nunca que a peça mais importante deste quebra-cabeça é o apoio do pai.

Que trabalho me esperava. Porque, se existe uma coisa que os homens não têm, é inteligência emocional e tato para as relações. Você passa a vida toda os educando, ensinando-os a ser bons pais, bons maridos, bons amigos e até bons filhos. Sem exagero. Quantas vezes você tem de lembrar-lhes de retornar a ligação da mãe ou que é aniversário do pai? E é apenas um exemplo de situações em que acabamos ensinando um homem a cumprir papéis básicos da existência. Diante do comodismo, do egoísmo e da apatia emocional que caracterizam o público masculino, as mulheres não têm outra alternativa que ajudá-los a tomar consciência do que se espera deles.

Pois, numa relação de divorciados, o trabalho de educar o namorado é duro e intrincado. Entre a culpa que ele sente por não passar suficiente tempo com os filhos, o medo de perdê-los e a atitude muito masculina de ceder para evitar dramas, nos vemos com uma criatura muito pouco disposta a lutar para garantir nosso espaço em sua vida e na de seus filhos.

Há mulheres que tiveram inclusive de passar pela desagradável situação de esconder o relacionamento por medo da reação que os filhos poderiam ter. Outras se veem com homens que se acostumaram a pedir autorização aos filhos para sair, para escolher namorada, para levá-la para casa. E são as crianças que acabam tomando as decisões. E, para os filhos não serem vistos como a encarnação do diabo, não podemos deixar de mencionar os próprios pais, que sempre os defendem e jamais permitem qualquer comentário negativo sobre seus anjinhos.

É preciso fugir de todos esses tipos e, se o nosso é um pouco melhor, devemos conversar com ele e dizer quais são nossas expectativas para a relação. É óbvio que tirei essa frase de um livro de autoajuda. Sei muito bem que essa história de conversar com um homem, abrir os canais de comunicação e fazê-los entender nosso ponto de vista é um trabalho árduo. A experiência me provou que o melhor é ir aos poucos, fazendo correções no caminho. Se não, o sujeito pode ficar angustiado e acabar sofrendo uma pane mental. Entretanto, existem atitudes que, se tomadas desde o início, ajudarão a evitar mais de uma situação ruim. O futuro marido tem de mostrar aos filhos que está apaixonado, que é essa a mulher que escolheu para ser sua nova esposa e que a decisão não está aberta a debates e muito menos a malcriações.

Não importa que tenhamos lido todos os livros de autoajuda do mercado, que nossas amigas veteranas nos relatem suas experiências e, muito menos, que estejamos totalmente dispostas a ser as melhores madrastas do mundo. A verdade é que, se não contarmos com um futuro marido seguro da relação e pronto para defendê-la, perderemos a batalha antes mesmo de começá-la. E esta é talvez a principal razão para o término dos segundos casamentos. Não é por falta de amor. É por falta de coragem do pai das crianças.

O medo de feri-las, de perdê-las, de não quererem passar tempo com ele e pararem de amá-lo transforma as madrastas em adversárias. Se você deixar, acaba sendo um zero à esquerda na relação. Escutei alguns amigos declararem com total segurança: "A melhor coisa que pudemos fazer foi convencê-la (a segunda mulher) a não se meter em nada relativo aos nossos filhos. Aí todos os problemas acabaram". Acabaram para eles, porque não posso entender como essas mulheres podem viver cegas, surdas e mudas diante de crianças com que passam um bom tempo e são parte de sua vida. Certamente vivem engolindo sapo. E com certeza isso um dia explode. Mas imagino que esse tipo de atitude entre na categoria "negar seus direitos para manter a relação numa boa" que caracterizou as mulheres ao longo da história. Afinal, por mais que queiram nos convencer de que é a solução ideal, a mensagem é uma só: meus filhos e eu somos uma família e você não cabe nela.

É preciso deixar claro que a atitude contrária tampouco é a mais adequada. Nas relações de divorciados, os extremos são muito mais perigosos do que nos relacionamentos convencionais. A ideia não é nos metermos em tudo, agirmos como mãe e participarmos de cada detalhe que tenha a ver com as crianças. Voltamos àquele ponto: somos madrastas e nossa função é dar apoio a um marido que é pai. Os filhos dele não são responsabilidade nossa, mas também não se pode negar nosso lugar na vida deles. Depois de ler e ouvir conselhos, eu estava chegando à conclusão de que meu papel se parecia muito com o dos segundos filhos. Refiro-me à postura de não permitir ser maltratado por ninguém e exigir a atenção que merece.

Também estava convencida de que a maioria dos problemas com filhos de divorciados são causados pelos adultos e não pelas crianças. Já dissemos que elas vão tentar se aproveitar, mas os conflitos ocorrem devido a pais que não conseguem administrar as situações por causa da culpa e da imaturidade. Lembro que, há pouco tempo, um amigo comentou comigo que tinha problemas com sua filha, que não desistia de convencê-lo a voltar para sua mãe.

– Não entendo – disse ele. – Já estou casado há quatro anos com minha nova mulher e minha filha se dá bastante bem com ela. Agora ela veio com essa história, diz coisas agressivas para minha mulher e vive comparando ela com minha ex-esposa. Claro, a mãe dela fica sempre bem. Não sei o que fazer, às vezes me sinto tão culpado por ter desfeito a família...

– Acho que o problema está nessa última frase. Ela deve sentir essa culpa e aproveita para conseguir o que quer. Você já tentou dar um basta nela?

– Você está doida... Que ideia! Ela já está sofrendo, imagina se...

– Sim, acho que você tem que dizer a verdade com total firmeza para ela entender que você não vai voltar para a mãe dela, independente do que ela fizer ou disser. Essa possibilidade não existe.

O remédio funcionou. Foi preciso apenas uma conversa. Meu amigo disse à filha que entendia seus sentimentos, mas que tinha escolhido outra vida, era feliz ao lado da nova mulher e não havia possibilidade de voltar para sua mãe. É claro que, de vez em quando, a garota insiste no assunto, porém mais com a ideia de juntar todos os afetos sob o mesmo teto – tanto que, quando fala de levar o pai, agora inclui a madrasta, as tias e até os primos no pacote.

Casos como esse, em que, por não manifestar sua posição com firmeza, os pais são os responsáveis pelos conflitos, existem aos montes nos segundos casamentos. Não é de se estranhar. Todas sabemos que, se existe algo que os homens odeiam, são os confrontos. É por isso que temos de ajudá-los. Sim, como sempre, para que sejam capazes de ver como, com sua atitude, prejudicam o relacionamento e correm o risco de um novo divórcio.

E a ajuda inclui fazê-los entender que, dependendo da maneira como nos apresentem aos filhos, a relação com os enteados será mais sutil ou se transformará num tormento. Talvez esse seja um dos melhores conselhos que já recebi neste caminho de rosas e espinhos que estava percorrendo. Só devia ser apresentada se a relação estivesse firme. Nesse dia, o melhor programa seria um cinema ou um parque de diversões. As primeiras impressões são sempre importantes, porque não existe possibilidade de uma segunda primeira impressão. Portanto, é preciso se mostrar amigável (não muito), brincalhona (sem retornar à infância) e carinhosa (sem parecer a mãe deles).

– Se alguma de vocês pudesse me dar uma referência concreta, eu poderia fazer muito bem o meu papel, mas essa falta de exemplos me tira do sério.

– Você deve tratá-los da mesma forma como trata meus filhos. Você é tudo isso com eles; não entendo qual é a dificuldade.

– Porque se seus filhos me detestarem, vai dar no mesmo para mim. Vou ignorá-los, e ponto. Mas, neste caso, mesmo que eu quisesse, não poderia. Parece uma daquelas provas da faculdade que tinham peso de 80% na média final. Por mais que tenha ido bem em todo o resto, é essa nota que vai definir se eu vou ou não ser aprovada. E isso não é o pior.

– O que é?

– Acho humilhante que quem dê a nota tenha menos de dez anos. Como diz minha mãe, o mundo está do avesso.

E esse avesso significa não ter referências a seguir. Senti um medo parecido quando fui conhecer meus futuros sogros e me aconselharam a tratá-los como clientes importantíssimos do meu namorado. Foi como se eu tivesse visto um milagre. Essa referência me tranquilizou muito e, mesmo tendo ficado nervosa, administrei a situação com dignidade. Agora, tinha chegado o momento de repetir para mim mesma que essas pessoinhas eram o equivalente aos filhos das minhas amigas e que eu deveria agir como se fossem.

Mas entre dizer e fazer há uma grande distância. A ansiedade, a antecipação e a importância que o momento tinha para meu futuro não se pareciam em nada com a tranquilidade e a inocência que eu sentia ao conhecer os filhos das minhas amigas. Eu me dizia que não era assim tão importante, que eu estava fazendo as coisas desproporcionais. De certa forma, era muito parecido com a a celulite, as estrias e a tendência de queda da bunda e do peito. São a morte para nós e achamos que, se nosso amado se der conta dessas misérias, perderemos pontos. Mas a experiência me ensinou que, quando um homem está a fim da mulher, nem percebe essas coisas. E, se percebe, não se importa minimamente. O desequilíbrio hormonal e o desejo não os deixam ver além de seus narizes. Em relação aos filhos, eu estava agindo da mesma maneira: dando muita importância a um encontro que o mais provável era que não alterasse os rumos da relação.

– Os homens não são tão profundos. E uma coisa é o que dizem e outra, bem diferente, é o que fazem. Para um homem, entre dizer e fazer não há apenas uma distância, mas sim um abismo – comentou uma amiga.

– Bom, nisso você tem razão. Na verdade, uma coisa é quando eles seguem o coração e o cérebro, e outra quando obedecem a cabeça de baixo.

– Exatamente. Adoram dizer que os filhos são tudo para eles, enchem a boca para falar que são sua razão de viver. Até os hormônios se manifestarem.

– Isso mesmo. Quantos homens você conhece que estão com mulheres que odeiam seus filhos? Muitos. E, apesar disso, eles não se alteram, porque é uma outra coisa que costuma ficar alterada...

"Brutos, cegos, surdos e mudos", como diz a música da Shakira. Assim ficam os homens – e, para que negar, as mulheres – quando ocorre essa reação química chamada amor. Os filhos passam para o segundo plano – ainda mais no caso deles, que são egoístas por natureza e, quando se trata de relações amorosas, tendem a pensar com tudo, menos com o cérebro. Não era uma teoria, mas a triste realidade, e me vinha à cabeça a história de uma amiga para quem a primeira impressão das crianças foi tão traumática que ela nem consegue se lembrar. E digo traumática não por ter sido horrível, mas porque estava tão empenhada em não se afetar com as crianças que deletou o momento de sua memória. Por mais que eu pergunte, não consegue se lembrar como foi, onde e o que sentiu. Nada. Sua reação foi a normal para os momentos de crise: se não lembro é porque não existe. O melhor é que nada disso passou despercebido aos olhos e ouvidos do seu namorado. Ela não é do tipo que come calada. Repetia constantemente a ele que não saberia lidar com a questão dos filhos, que não tinha nada contra eles, mas que não os queria perto. Sua atitude chegou a ser tão radical que, quando já estavam comprometidos (sim, apesar disso, o homem decidiu se casar), ela usava a aliança para expressar seus ânimos. No fim de semana em que estavam sozinhos, colocava o anel. Quando tinham de ficar com as crianças, tirava-o. Chegou a achar que estava ficando completamente louca e pensou em ver um psiquiatra. Era difícil acreditar que, diante de tantas dúvidas, o pai das crianças pudesse se manter inabalável. Mas pôde. E mais: os dois se casaram e ela agora se transformou na defensora dos seus enteados. A gente não sabe se o marido consultou uma bola de cristal e viu que essa história de terror teria um final feliz ou se ele era a prova contundente de que, quando um homem quer ficar com uma mulher, todo o resto é secundário.

Parece mentira ou surrealismo puro, mas a irresponsabilidade emocional dos homens e sua propensão a pensar do ponto de vista fálico podem ser benéficas. Devo admitir que não sabia o que fazer com essa informação: me sentir aliviada ou começar a chorar. Para tranquilizar minha alma, concluí que a atitude talvez fosse fruto dessa tendência tão masculina de só enfrentar os problemas quando realmente é necessário. Os homens têm a maravilhosa habilidade de não cruzarem pontes antes de chegar a elas. Nós nos enrolamos como carretel tentando controlar um futuro que não temos.

Mesmo com toda informação que recebi sobre o primeiro encontro, não tem como não ficar nervosa. Como diz minha amiga Isabel: "a gente chega a ser fofa". E não porque queira ficar bem com as crianças, é tudo para o bonitão. Sim, mais uma vez surge a mulher que quer agradá-lo de todos os jeitos. Como um pavão, mostramos nossos encantos para que o objeto de nossos cuidados veja que, até para isso, somos a mulher ideal. Em poucas palavras, continuamos no paraíso usando para atrair o homem todas as maçãs que encontramos no caminho. Mas não é para se sentir tão mal. Se a Eva teve que recorrer a esse tipo de artifício para o sujeito se animar, imagine nós que enfrentamos concorrência em um mercado difícil onde os produtos não se caracterizam exatamente pela excelência.

E o produto que me coube veio empacotado e com presentinhos-surpresa. Essa era minha realidade. Por mais medo e preocupações que tivesse nesse momento, a atitude das minhas amigas, anos depois de terem passado pelas mesmas situações, me enchia de esperança. Era incrível. Todas se lembravam de terem sentido temor, nervosismo e uma grande necessidade de agradar às crianças para ficar bem com o namorado. Quase nenhuma pode lembrar o momento e as circunstâncias em que conheceram os meninos. Era como se um caso de amnésia coletiva tivesse se apoderado delas. Ou então foi algo tão traumático que, para não acabarem enlouquecendo, ativaram o hormônio que ajuda a esquecer. Por mais que tentem se lembrar e retornar ao momento exato, esse pedaço de informação não foi arquivado. Lembravam de tudo: que sentiram ciúmes, ou que foram eles que sentiram; que descobriram naquele momento que seria um erro tremendo competir com as crianças; que não era tão complicado como tinham pensado; e até que, sim, era complicado, mas que iriam lidando pouco a pouco com a questão. A memória dava para tudo, menos lembrar como foi.

Pois era um grande alívio ter a garantia de que, por mais medo e nervosismo que sentisse, no fim eu não me lembraria. Era fato: o primeiro encontro com os filhos não é inesquecível. O que, sim, é inesquecível é o primeiro encontro com a mãe desses filhos, a temida ex-mulher.

Capítulo 7

Não há morto mau, namorada feia ou ex legal

E é mesmo para ser inesquecível. A gente se vê diante da triste realidade de que houve algo antes de nós e, o pior, que esse algo não se parece em nada com o que imaginamos. Esperamos que seja a víbora que nosso namorado descreveu. Essa que infernizava a vida dele e, em alguns casos, cada vez mais frequentes, chegou inclusive a corneá-lo. A insegurança também nos faz torcer para a ex-mulher ser feia, obesa, cheia de estrias, celulites, com uma barriga gigantesca, a bunda e o peito no chão, e tudo mais que possamos acrescentar para que, oficialmente, ela preencha os requisitos de lixo humano e nossas misérias passem despercebidas.

O aparecimento da ex desperta todas as nossas inseguranças, até mesmo as que não tínhamos antes de nos envolver com um divorciado. Eu queria ser melhor que a mulher anterior, mesmo tendo concluído, depois de tanto estudar os homens, que a beleza física não tem nada a ver com o amor, pois o que os deixa cegos é o desequilíbrio de seus hormônios. Lembrava casos em que minhas amigas ficaram aterrorizadas com a infidelidade de seus maridos – não pela infidelidade em si, mas pelo fato de as terem trocado por mulheres mais velhas e menos favorecidas pela beleza. Como disse uma delas no meio do choro: “Ela tem varizes, você sabe o que é isso? Me trocou por uma mulher cheia de varizes”.

Com ou sem varizes, o ex da minha amiga provou que o amor é mais uma necessidade emocional do que uma busca por beleza e juventude. Tanto os homens como as mulheres escolhem alguém que preencha suas necessidades emocionais, sem se importarem muito com o aspecto físico. Mas, no indescritível mercado de segunda mão, é difícil não cair na tentação de fazer comparações. É claro que não queremos nos parecer com a mulher frígida, fria, dramática, controladora e todos os demais adjetivos pejorativos que os homens atribuem a suas ex. Porém, ao mesmo tempo, não podemos esquecer que, em um dia não muito distante, nosso homem a amou, prometeu-lhe amor eterno diante de Deus e da sociedade, da mesma forma que está planejando fazer conosco.

Deus nos livre de a ex ser mais bonita, ou mais magra, mais jovem, mais inteligente, mais divertida, mais capaz ou mais bem-sucedida. E coloquei esse “ou” porque ela só tem direito a ser uma dessas coisas – caso contrário, não nos restaria alternativa senão cortar os pulsos ou matar o marido que abandonou essa mulher maravilha. Para nós, a melhor coisa que pode acontecer em relação às primeiras esposas é que percam em todos os quesitos. Esse é o jeito para nossa insegurança não tragar nosso ego e nossa autoestima.

Uma ex deflagra emoções e sentimentos muitas vezes desconhecidos para nós. Sem querer, travamos uma competição e somos tomadas pelo ciúme. Fiquei tranquila diante da certeza de que, entre os grandes problemas que tenho na vida, um deles é justamente o fato ser pouco competitiva. Em relação ao ciúme, o único homem que conseguiu me fazer sentir foi meu pai. E, como ele já não estava para esse tipo de coisa, já tinha algum tempo que eu aproveitava a vida sem esse sentimento. Além do mais, eu sabia perfeitamente o que se sente por um ex quando se deixa seu passado para trás. Não sei se por culpa do Alzheimer próprio da idade, do estado de tolice em que a paixão tinha me lançado ou da passagem do tempo, que tudo cura e tudo apaga, o fato é que tenho a tendência absoluta a esquecer que um dia fui casada, que me divorciei e que sou uma ex. Mas é isso mesmo, e por esse motivo me custa tanto pensar que se pode ter ciúme de uma ex com quem se foi casado. Mais do que isso, me parecia ilógico. Se havia algo na vida de que eu tinha mais do que certeza era que não voltaria a fazer três coisas: usar sapatos plataforma, vestir calças boca-de-sino e ficar com meu ex-marido. No caso de uma seca inclemente, posso cair nos braços de qualquer um dos meus ex, menos do que foi meu marido.

Entretanto, não conseguia me livrar da curiosidade de conhecer a ex do meu namorado, saber como era e ver com meus próprios olhos que tinha as características de bruxa descritas por ele. Assim como nenhuma das minhas amigas conseguiu lembrar a situação em que conheceu os filhos, todas, sem exceção, recordam detalhe por detalhe do incômodo momento em que se viram, pela primeira vez, diante da temida ex. E digo incômodo porque a maioria esmagadora o descreve como uma dessas experiências em que você repete o tempo todo: o que é que eu estou fazendo aqui? Por isso, concluo que, além de desconfortável, dá vontade de sair correndo. A insegurança, o nervosismo, a vontade de estar perfeita são o denominador comum desse encontro. Daríamos a vida para a Claudia Schiffer nos emprestar seu corpo, mesmo que fosse apenas para esse dia. Finalmente, o fantasma se materializa. Para nossa surpresa, não se parece em nada ao que havíamos imaginado. Desgraçadamente, a figura costuma ser, quase sempre, uma mulher tão normal como nós. Sim, uma desgraça, porque qualquer mulher que se preze tem a obrigação de odiar a ex de seu marido, pelo menos no começo. Não importa o quanto nos tenha agradado nem quão simpática tenha sido. Devemos usar nosso canibalismo para destruí-la. Eu já tinha experimentado isto com algumas amigas que acompanhei, com a solidariedade feminina, no ódio às ex de seus maridos. Embora não nos devamos afetar pelo que não nos diz respeito, quando se fala de primeiras esposas, existe um acordo tácito entre as novas mulheres que as proíbe terminantemente de qualquer tendência amável em relação à ex, pelo menos nos primeiros meses. Cheguei à conclusão de que esse comportamento está muito ligado ao instinto de sobrevivência, tão essencial para o ser humano. Nesse caso, significa reiterarmos nosso direito a lutar pela vida de um amor que pode receber ameaças de onde menos se espera. Não importam as circunstâncias. Ainda que não seja nosso estilo, quando se fala da ex, das nossas bocas só saem impropérios. Um exemplo dessa grande necessidade foi dado por uma amiga que encontrou um divorciado sem filhos. Não bastasse isso, ela teve a sorte de conhecer a ex inesperadamente. Não lidou com os preparativos, o nervosismo, as inseguranças – ou seja, não estava prevenida. Cumprimentou-a como se fosse qualquer outra pessoa de um grupo de amigos do seu namorado. Mas, quando ele comentou que aquela morena magrinha era sua ex-mulher, minha amiga não pôde conter seu instinto de destruição às ex e exclamou: “Essa mulher horrorosa, magrela, insípida, sem noção". Contudo, embora não faltasse vontade, não pôde continuar porque não tinha reparado o suficiente e havia ficado sem defeitos para enumerar.

Tenho para mim que, além de um instinto básico, o ódio indiscriminado às ex-mulheres também é uma questão de honra. Como me fez saber uma outra integrante do clube da reciclagem quando conhecemos a ex de seu futuro marido.

– O que você achou? – me perguntou, depois de um momento em que eu também gritava para mim mesma: "o que é que eu estou fazendo aqui?".

– Olha, foi uma surpresa, porque tive uma boa impressão dela. Aliás, se não fosse a ex do seu marido, até gostaria que ela fosse nossa amiga.

– É, você tem razão. Mas nem pensar, meu bem. A gente tem que odiá-la cordialmente, mas odiá-la. Pelo menos até eu me sentir mais segura nessa nova posição. Por isso, vamos logo dar um jeito de acabar com ela, mesmo que seja só pelo sapato horrível que ela estava calçando.

Era como se a saúde mental da minha amiga dependesse da destruição da ex. Um mundo dividido entre o branco e o negro, onde o cinza não existia nem era permitido. Para que ela fosse legal, era preciso que a ex fosse chata. Qualquer comentário positivo sobre a primeira mulher era tomado como uma ofensa pessoal contra ela. E sem falar em atributos que ela não tivesse, porque, aí sim, a situação ficava tensa.

Contudo, isto é apenas uma etapa. Quando a nova esposa toma posse física e emocional da situação, já é possível considerar uma relação mais cordial. Obviamente nunca se chega a um ponto em que será perfeita ou maravilhosa, porque, quando se fala das ex, tudo o que elas fizerem ou não fizerem será usado contra elas, sem nenhum tipo de remorso. Afinal de contas, não há morto mau, namorada feia ou ex legal.

O terceiro elemento

Devo admitir que, neste caso, eu me sentia livre de todo o mal. Todas essas emoções inerentes às ex me eram alheias. Minha experiência era outra e, embora não tenha certeza de que a nova esposa do meu ex goste de mim, até porque não mantemos contato, também não creio que me odeie. Seria muita falta do que fazer odiar alguém que não tem absolutamente nada contra você e que nunca está por perto. Da minha parte, só tinha sentimentos amáveis em relação a eles e, como dizem os cartões de aniversário, meus melhores desejos por uma vida cheia de saúde e felicidade.

Mas eu estava enfrentando a dura realidade de que a experiência, em algumas ocasiões, não serve para nada. E, o que é pior, pode contribuir até para você cantar vitória antes do tempo. O que eu vivi, a ex que tenho sido, assim como minhas circunstâncias, são o sonho impossível de toda segunda mulher e, obviamente, quase nunca se faz realidade. A grande maioria das novas esposas tem um casamento em que sempre, mas sempre, há uma terceira mulher causando discórdia.

– Faz parte do pacote – me disseram. – Esquece essa história de civilização, de manter um clima pacífico e todas essas bobagens.

– Eu não concordo com isso. Sempre pensei que, com vontade, é possível conseguir tudo na vida.

– Sim, meu amor, mas quando existe vontade dos dois lados e no meio não existe um homem. Você já sabe como eles são, incapazes de enfrentar as situações. E, em relação à ex, eles se tornam ainda piores. Você pode até tentar manter um clima saudável, mas acho que vai ser a única.

– É muito difícil entender esse comportamento de vocês de ficarem sempre na defensiva com as ex. Acho que o erro é justamente esse: começar odiando ao invés de tentar um bom relacionamento logo de cara.

– Olha, queridinha: quem fala é a voz da experiência. Até Ghandi teria empunhado armas se tivesse uma ex como rival. A melhor coisa que você pode fazer é sentar e esperar o que vai vir pela frente porque eu tenho a péssima notícia de que, por enquanto, você não sabe nem o tipo de ex com que você vai topar.

– Como assim o tipo?

– É que tem vários. Não são todas iguais. E deixa eu te falar que, nesse caso, nem a legal se salva. Todas, absolutamente todas, sacaneiam de alguma forma.

E, pelo visto, aquela tese de que o prazer está na variedade era totalmente imprópria para este campo. A questão era tão árdua que as outras veteranas desta guerra nem me souberam dizer o que era melhor: a que transforma sua vida num inferno ou a que não está nem aí. Não importa a que você vai encontrar. O denominador comum é o mesmo: se não ficarmos ligadas, essas mulheres tornam-se um pedregulho no nosso sapato.

Eu não precisava pesquisar em nenhum livro os diferentes tipos de ex. Bastava olhar ao redor e estudar as ex com que minhas amigas e amigos lidavam. Podia me considerar bem servida. Evidentemente, a primeira que me vinha à cabeça era a despeitada. O empenho, a criatividade e a persistência com que procura realizar seu desejo de vingança fazem dela uma criatura inesquecível pela excelência de seu trabalho. É uma aranha ordinária que tece sua rede com o mais puro fel. Não se intimida com nada nem com ninguém, porque acabar com o ex-marido e a nova mulher é seu modo de vida. Vinte e quatro horas ao dia, trama novas e melhores formas de fazê-los sentir na própria carne a dor que sente pelo abandono. Na grande maioria das vezes, os filhos são sua principal arma. Houve casos em que, de tão cega pela ira, a ex chegou a acusar o pai de cometer abuso sexual contra os filhos.

Graças a Deus que, de personagens desse tipo, ficamos sabendo pelos jornais ou pelas fofocas que correm de boca em boca. A cegueira é o denominador comum das ex despeitadas. Não importa se a nova mulher provocou o fim do casamento ou se ela entrou na vida do ex-marido alguns meses depois. É sempre a culpada. Muitas vezes me perguntei se esse tipo de cegueira tem a ver com a raiva ou com os mitos que nós mulheres trouxemos da cultura machista em que fomos criadas. E faço essa pergunta porque muitas vezes ouvi mulheres repetirem a famosa frase: "é que ela tirou meu marido de mim". Como se o cara fosse uma marca de nascença ou uma propriedade que lhe foi tomada. Consideram que a única culpada é a nova mulher. Também ouvi dizer que, se um homem termina um relacionamento, é porque certamente já tem outra. A experiência de vários amigos meus me mostrou que isto era uma grande mentira. Eles tomaram a decisão – e é bem estranho que um homem seja tão valente – por razões que nada têm a ver com uma terceira pessoa. Nesses casos, os caras pagam caro pela coragem, pois, se conseguem alguém nos nove meses seguintes, não há quem acredite que a moça não estava com ele antes. Fico até com pena desses homens que, quando finalmente decidem se relacionar com outra pessoa – com o trabalho que isso lhes dá – sua façanha passa despercebida por culpa do mito da amante.

Não importa o tempo que ele leve para ficar com uma nova mulher. Para a ex, ela sempre será a culpada pelo fim do casamento. Conheço a história de uma pessoa que foi vítima de uma dessas despeitadas. Não satisfeita em alimentar nos filhos uma postura hostil e fazer o impossível para tirar todo o dinheiro do marido, deixando-o na ruína, apontou a mira para ela. De repente, a nova mulher começou a notar que a rejeitavam no emprego. Não conseguia as promoções prometidas e era cada vez menos convidada para eventos sociais. Através de suas influências, os tentáculos da ex chegaram a seu trabalho e, sem nenhum tipo de escrúpulos, espalhou que ela era uma rouba-maridos. Todas, absolutamente todas, as mulheres casadas deveriam tomar cuidado com esta bandida especializada em bens conjugais. Em um mundo cheio de mulheres inseguras, todas se afastaram. Hoje em dia, já separada da suposta joia que roubou dessa ex despeitada, ela se transformou na melhor ex para a nova namorada do seu agora ex-marido. Sim, um pouquinho complicado, mas é isso mesmo. Ela se nega a permitir que sua filha passe pelo que seus enteados passaram por culpa de uma mãe implacável. Às vezes, ela até erra a mão com os cuidados e a cordialidade em relação à outra nova, mas não há quem a tire de seu propósito. A menina não tem por que sofrer com os erros dos seus pais e não vai ser pela própria mãe que ela vai conhecer o ódio. E, como tudo pode ocorrer no mundo das novas relações, acabou que a relação entre as duas ex vai de vento em popa. Ela leva sua filha à casa da primeira para brincar com seus irmãozinhos. Formaram meio que uma silenciosa camaradagem em que ambas são conscientes de que comungam uma ninharia como ex-marido e um alívio de não tê-lo mais em suas vidas. Sem dizer uma palavra, em um silêncio compartilhado, deleitam-se quando pensam no que aguarda a terceira. Enfim se perdoaram mutuamente quando passaram a ser membros ativos do miniclube de ex do sujeito.

Nesse campo dos ex despeitados, os homens não são exceção à regra. Muitas mulheres sentem na própria pele a raiva de um marido que nega a dura realidade de elas já não o amarem. Conheço o caso de uma que, enquanto esteve casada, era tratada como rainha tanto pelo marido como pela família dele. Nunca lhe faltou nada. Fazia o que tivesse vontade. Seus três filhos eram os pequenos príncipes desse reino encantado em que imperavam o amor, a família e o dinheiro. O conto de fadas virou uma história de terror após a decisão dela. Quando quis se dar conta, já tinham lhe tirado a casa, o carro e o dinheiro. Como o marido era um filhinho de papai que não tinha nada em seu nome, ela foi informada na justiça de que todo seu capital se resumia aos 50 dólares que estavam em sua carteira. O amor que a família tinha por ela e seus filhos virou fumaça. Até hoje, mantêm total indiferença.

De certa forma, até que foi uma boa. Pelo menos ela não tem que ver a cara desse filho da mãe – literalmente, porque esse homúnculo continua grudado nas saias da mãe. Deve ser muito duro ter de tratar cordialmente, em função das crianças, um homem que deixou você e os próprios filhos no olho da rua. Porém, para a grande maioria das mulheres, essa sorte não existe e o ex despeitado faz sentir sua presença constantemente.

Nesses casos, não resta outra saída a não ser pedir a Deus, à Virgem e a todos os santos que nos livrem desse ser disposto a ocupar um lugar que não lhe corresponde. E, caso nenhum deles tenha misericórdia e ignorem nosso pedido, a saída é procurar exaustivamente uma mulher que ele possa namorar e, de preferência, casar.

Nem todas as ex, porém, são despeitadas. Há piores. Sim, parece mentira, mas pelo menos com este tipo você sabe no que se concentrar, a guerra está declarada. Com outras, não se sabe de onde virá o disparo. É mais ou menos como dirigir na América Latina. Você nunca sabe se as regras vão ser cumpridas, se vão respeitar o sinal vermelho, deixar seu carro passar, buzinar por qualquer bobagem ou se o engarrafamento vai demorar minutos ou horas. Enfim, é preciso estar sempre na defensiva.

Mas, se a ex do meu namorado me chateasse apenas como um desses pequenos acidentes de trânsito, eu podia me dar por satisfeita. O problema é que nós, mulheres, às vezes somos muito extremistas. Afinal, não há nada de mau em ser uma boa mãe. Entretanto, a questão fica difícil quando a ex está convencida de que é a melhor mãe do mundo. Esta, sem sombra de dúvidas, ligará vinte vezes por dia para saber como estão seus pimpolhos e se as coisas foram feitas do jeito que ela gosta. Chorará desconsolada cada vez que tenha de entregar as crianças, porque não sabe viver sem elas. (Eu, particularmente, acho que esse tipo de mulher é masoquista. Deveriam ficar agradecidas de poder se safar das crianças de vez em quando e ter outra pessoa para se responsabilizar por elas, mas parece que muitas aspiram ao papel de Madre Teresa de Calcutá.) É a mesma que criticará constantemente nossos esforços e ficará furiosa porque seus filhos estão sendo educados por uma mulher que não tem a mínima ideia do que é ser mãe. Viverá arrancando das crianças informações que serão usadas contra nós e ligará para seu ex-marido reclamando por deixar "seus filhos" nas mãos de uma mulher perdida. É muito complicado fazer esse projeto de mãe entender que ela não teve essas crianças por conta própria e que o pai também tem direito a opinar em tudo que diga respeito a elas. Para esse tipo de ex, a maternidade definiu seu papel no casamento e na sociedade. Por isso, pensar em dividir a experiência de ter filhos está fora de questão. É como dizer a alguém que, a partir desse momento, tem de dividir seu lugar com outra pessoa. É óbvio que a competição será de vida ou morte e ela não descansará enquanto não expulsar a intrusa, seja como for. Aí sim, quanto mais desprestigiada a nova mulher ficar, melhor. Isso lhe devolve a identidade.

– Sabe de uma coisa? – me confessou uma veterana. – Eu, que tenho o tipo oposto de ex, não sei se preferiria uma mãe do século. Essa minha é de uma negligência...

Ah, sim. Falando de extremos, também existem as que, pelo contrário, não veem a hora de largar os filhos na casa do pai. Admito que me parecem mais normais do que as supermães porque, pelo menos, não são masoquistas e têm consciência de que não há nada mais saudável do que descansar dos filhos de vez em quando. O ponto é por que fazem isso. As despeitadas usam essa tática para a nova mulher se cansar dos filhos do marido, armar um drama e ameaçar a paz conjugal. Nesse caso, a negligência é a arma para acabar com a paciência e o amor da nova mulher. Mas, em outros casos, infelizmente, é a forma de ser da ex. E digo infelizmente porque não se pode errar na dose. Nenhuma mulher recém-casada quer os filhos do marido constantemente em casa e tampouco ser a responsável por tudo que tenha a ver com as crianças – roupa, material escolar, médicos e até o colégio.

Porém, que existem, existem. E muitas mulheres lidam com ex assim. Algumas optaram por fazer vista grossa e se envolvem o mínimo possível. E digo o mínimo possível porque é muito difícil quando a mãe esquece de buscar as crianças no colégio, despreza durante dias a dor de dentes do menino ou decide que o *look* de roqueiro dos anos 60 é perfeito para seu filho, já que os salões de cabeleireiros são estabelecimentos obsoletos. Diante de pequenos detalhes desse tipo, é muito difícil ficar de braços cruzados. Alguém tem de fazer alguma coisa a respeito e, geralmente, esse alguém acaba sendo a nova mulher. Fazer-se de bobas é uma das opções para driblar essas torrentes de descaso materno, mas, quando a nova em questão é do tipo mulher ativa, a coisa se torna perigosa. Uma grande amiga começou essa via crúcis com a mais firme intenção de não se deixar levar por suas tendências solucionadoras de vida. O tiro, é claro, acabou saindo pela culatra, já que era um suplício fingir-se de desentendida perante situações que ela sabia, além de tudo, que prejudicavam as crianças. Não restou alternativa a não ser tomar as rédeas e começar a resolver. Até que ela se cansou. Começou uma campanha para fazer a ex enxergar seus erros e – bendito seja Deus – calhou de ser uma não apenas disposta a aceitá-los, como também a assumir sua culpa e descaso com o assunto. Foi assim que iniciaram a relação mais inusitada que conheço até o momento. As duas dividem a maternidade das crianças. Falam-se constantemente para entrar em acordo. A nova tem toda a liberdade do mundo para criticá-los. Decidem entre as duas o que fazer e o que é mais conveniente para as crianças. O interessante é que o pai dos meninos não participa dessa relação. Quando minha amiga se enfurece por qualquer coisa relativa aos filhos dele, insulta-o e comenta o quão mal ele os educa. Ato contínuo, sem que ele saiba ou intervenha, liga para a mãe das crianças e chega a uma solução. Muitas vezes perguntei para ela se não seria melhor que o pai participasse da relação. Sua resposta é de uma negação veemente. Para ela, sua amizade, entre aspas, com a ex independe de qualquer coisa. Hoje em dia, as conversas delas vão muito além de filhos e até incluem os casos da primeira esposa, para quem ela dá conselhos para ver se, finalmente, consegue alguma coisa. Elas não pensam em incluir o marido nesse espaço.

– Para quê? – reagiu ela um dia. – Se o motivo que nos leva a ter essa relação tão boa é conhecermos o sujeito. Sabemos como ele pode ser fraco diante de seus filhos e mesmo da própria ex. Se eu me queixasse com ele, não significaria que o problema seria resolvido e que ele chegaria a falar alguma coisa para ela. Durante anos eu vi ele conversar com a ex-mulher e parecia coisa de maluco. Tudo, mas absolutamente tudo, que tínhamos conversado, a raiva que ele sentia na hora, as coisas que me dizia que falaria para a mulher, desapareciam quando ele estava com ela no telefone. Te juro. Era como se brincássemos de telefone sem fio.

O marido da minha amiga sofria da síndrome do balão inflado. Por mais que estivesse cheio de gás, quando começava a falar com a ex, ia esvaziando até converter-se numa patética borracha murcha, incapaz de flutuar minimamente. Minha amiga, que não é uma mulher fácil, recusou-se a participar nem mesmo por mais um minuto de tamanha decadência e decidiu eliminar a intermediação do marido. Acertaria ela mesma tudo com sua ex-mulher e assim evitaria o risco de vê-lo nessa situação que poderia levar a algo muito pior, a perda de respeito. Sim, porque não há nada mais frustrante para uma mulher do que ver seu marido transformado em um mané.

Mas o respeito é só uma das coisas que se podem perder na via crúcis das segundas relações. A paz corre riscos gigantescos diante de uma dessas ex que querem que nosso marido continue sendo seu grande amigo. Estas, ao que parece, existem aos montes e, como se tivessem deglutido toda a história da Cinderela ou da Branca de Neve, estão convencidas de que os pais de seus filhos continuam sendo os responsáveis por resolver a vida delas. Não importa que, por uma bênção divina, elas estejam com outro homem. Para esse tipo de ex, talvez por direito de antiguidade, caberá sempre ao primeiro marido ajudá-la em tudo. É claro que, para a segunda mulher, essa relação tão estreita e viciada transforma-se numa lembrança constante do passado e num inferno com o diabo dentro de casa. Todas as tristezas e alegrias da ex fazem parte do dia a dia. Falará horas com o ex-marido narrando-lhe suas lamúrias. A cada cinco minutos, ligará para pedir favores e encherá a boca contando para todo mundo sobre essa relação tão civilizada com que conseguiram formar uma família feliz. Acontece que os únicos felizes com esse mundo encantado são eles, porque a nova mulher vive numa casa mal-assombrada, com fantasmas que a espreitam constantemente. A ex-mulher, com seu excesso de estrogênio – a meu ver o culpado das fêmeas piegas e desorientadas – jogará charme escancaradamente. Vai querer estar em todos os eventos e até ficará sentida por não ter sido convidada, já que ela é “parte integrante da família”.

A pergunta é: onde essas mulheres pretendem chegar com essa empolgação toda? Não sei, mas sou testemunha da dificuldade que é fazê-las cair na real, assim como seus maridinhos, que encontram na relação uma magnífica forma de se desfazer de suas culpas. Os homens, que por si são dados ao comodismo e que são tão felizes quando podem ter tudo, mesmo que em casas diferentes, descobrem finalmente o paraíso na terra. É um trabalho difícil, porque é preciso enfrentar o marido e cortar a onda dele. Que horror, pedir a um homem que se imponha. Creio que seria mais fácil iniciar um tratamento de injeções de testosterona com a ex-mulher para ver se, reduzindo seu excesso de estrogênio, conseguimos fazer com que ela deixe de ser tão ingênua.

No fim das contas, ingênua mesmo estava sendo eu, pois, enquanto tentava catalogar as ex, sem conhecer a que me caberia e me preparando para esse momento, alguém se encarregou de me trazer de volta à realidade.

– Qual é o tipo de ex do seu marido? – perguntei.

– Não entendi – respondeu. – Como assim que tipo de ex?

– Sim, na loucura em que me meti tentando me preparar para o que me aguarda, descobri que existem vários tipos de ex. A despeitada, a relapsa, a supermãe, a mãe ruim, a que quer ser amiguinha, a que se nega a aceitar a realidade de que já não é mulher do "seu" marido, e... Bom, acho que são essas aí. Enfim, todas têm algum problema.

Ela ficou pensando e, como se estivesse fazendo as contas, perguntava-se qual tipo de ex lhe havia correspondido.

– Putz! – exclamou. – A minha é todas essas em uma. Um monstro.

– O quê? Você está brincando!

– E o que você quer que eu diga? É a realidade. E, depois do que você falou, quem quer cortar os pulsos sou eu. Imagina que eu achava que eram todas iguais.

Pois é. Minha amiga foi premiada com uma ex com múltiplas personalidades e, quando ela já estava convencida de que todas as ex eram assim, eu acabava de quebrar sua crença.

– Com certeza você está exagerando. Não é possível que ela tenha tantas facetas.

– Juro que sim. Não é exagero. Para você ter uma ideia, tem fases em que ela tenta conquistar meu marido de novo, fica toda nostálgica e pergunta para ele se os dois não estariam melhor juntos. Outras vezes cisma em agredi-lo, dizendo que a culpa pelo fim da relação é dele. Num Dia das Mães, me manda orquídeas para agradecer pela maternidade compartilhada e diz que sou maravilhosa com os filhos dela. Na semana seguinte, me insulta por qualquer coisa e diz que eu estou usurpando seu lugar de mãe, que é exclusivo dela. Se a gente liga para pedir as crianças em um fim de semana que não é nosso, ela pode tanto dizer que não tem problema, com muito prazer, pois os filhos precisam ver o pai, ou responder que a gente não tem consideração, desrespeita as regras do jogo e não se importa minimamente que ela também necessite ficar com os garotos. Se estamos viajando e comentamos com ela que talvez não possamos buscar as crianças, porque não vamos chegar a tempo, ela pode dizer ok, que fica feliz com os meninos, mas depois sabemos que ela falou com os filhos que, para o pai deles, o trabalho é mais importante do que eles. Se eu levo as crianças para cortarem o cabelo, é possível que ela me ligue agradecendo pela gentileza, mas também pode me xingar por me meter onde eu não fui chamada. Juro, ela precisa de um psiquiatra.

– Psiquiatra? Ela precisa de dez doses de Valium ao dia. Ou então de um namorado.

– Então vai ter que ser Valium mesmo, porque ela já tem namorado e isso não mudou em nada. Mas o pior é que ela até já virou brincadeira. Toda vez que vamos pedir alguma coisa para ela, eu e meu marido rimos só de pensar no que a maluca vai dizer. Se ela vai estar num dia Madre Teresa de Calcutá ou bruxa desalmada.

Essa última afirmação me deu o alento que eu precisava para não fugir desesperada. Se ela vivia nessa montanha-russa emocional por culpa da ex do seu marido – tipo Sybil, a mulher de muitas personalidades interpretada no cinema por Sally Field – e, ainda assim, podia encarar a situação com humor, significava que, sim, era possível. Afinal de contas, de todas as ex que listei, essa era a pior e a mais perigosa. Busquei forças na felicidade do amor e concluí que, quando estamos apaixonadas, temos a maravilhosa habilidade de transformar até o inferno num paraíso. Mas, claro, tendo de superar muitas dificuldades.

Quando eu achava que já conhecia todas as categorias de ex e considerava que, se todas as segundas mulheres do mundo sobrevivem a isso, eu não seria exceção, minha grande amiga Ángela Marulanda, socióloga, escritora e terapeuta familiar, se deu ao trabalho de me colocar em dia com as últimas tendências no tocante a relações familiares. Aparentemente, nesse caos emocional em que os relacionamentos modernos se transformaram, a última onda são os segundos casamentos em que a amante é ninguém menos do que a primeira esposa do marido. Imagino que deve ser o pior pesadelo do mundo, o equivalente à moda dos anos 1980 que nos fez usar ombreiras de jogador de futebol americano, cortar o cabelo como um animal estranho e indefinível chamado Alf e colocar uns brincos que pareciam os lustres do palácio de Versalhes. Uma dessas experiências pelas quais ninguém quer passar e que não deixam de ser horríveis e absurdas mesmo que estejam na moda.

Entretanto, pelo visto, é o que está acontecendo hoje. Devido à síndrome de dependências adquiridas numa relação a dois, muitos homens se veem na situação de terem uma ex que depende deles até o mais ínfimo detalhe da existência. É claro que eles, tanto pelo problema genético que os impede de dizer não, como pela culpa e pela tendência masculina de deixar as coisas como estão, acabam enrolados em uma relação sem a menor lógica na qual a ex se torna sua amante. Imagino que este deve ser o inferno na terra para qualquer segunda esposa. Não só por ser uma situação absurda, mas também porque é muito difícil lidar com o mundo quando ele está virado de cabeça para baixo.

E eu não creio que exista algo mais sem pé nem cabeça do que um marido envolvido com a mesma mulher que deixou justamente porque não o fazia mais feliz. Deve ser como entrar naquela série *Além da Imaginação*, em que tudo o que ocorria era absurdo e arrepiante. Mas, embora pareça mentira, acontece. De tanto resolverem problemas para a ex, sentarem com ela para conversar sobre as crianças e tentarem ajudá-la em todas as suas complicações, acabam solucionando também a sua abstinência sexual. Não sei se funciona como um bônus ou um pacote completo de serviços. A questão é que a manutenção sexual acaba sendo parte das obrigações que o ex-marido tem com sua primeira mulher. Pessoalmente adoraria saber que desculpa um marido pode dar para cometer uma besteira dessas. Mas, em se tratando de homens, tenho certeza de que seria algo tão descabido como "não sabia o que estava fazendo" ou não sabe o que ocorreu e que não significou nada. Frases que toda mulher escutou mais de uma vez da boca de um homem e que só têm sentido para eles. Afinal de contas, é um fato inegável que o sujeito ia para a cama com a ex-mulher, e isso significa muito, sim. É um sinal inequívoco de que o homem que escolhemos para ser nosso companheiro é um completo canalha.

É óbvio que, psicologicamente, esse comportamento tem uma explicação, mas hoje em dia todo mundo encontra uma desculpa para o mal que faz para os outros. Virou moda: te ferrei, te fiz sofrer, mas é que, quando eu era pequenininho, pisaram no meu dedinho do pé e fiquei com esse trauma. Nesses casos, a única explicação possível é a de um homem cheio de fraquezas e inseguranças, incapaz de se comprometer com qualquer coisa na vida e sem a menor ideia do que quer.

E aqui está a chave deste enredo de relações, emoções, sentimentos e sensações de culpa que cerca todos os segundos casamentos. Da pessoa que escolhermos dependerá a facilidade ou a dificuldade que encontraremos na relação e as probabilidades de sairmos com honra dos obstáculos normais que teremos de superar. Ou seja, a tarefa é árdua se considerarmos que estamos nas mãos de um homem, ser conhecido exatamente pela pouca habilidade para administrar assuntos emocionais. Mas é a triste realidade. A ex pode ser despeitada, negligente, intrometida, dramática, respeitosa, dependente e até maluca. Com todas elas poderemos lidar enquanto tivermos a nosso lado um homem seguro de sua decisão, convencido de sua nova relação e disposto a defendê-la contra ventos e tempestades. Por motivos óbvios, o relacionamento não vai ser cor-de-rosa, mas vai ser mais tolerável se contarmos com um marido que garanta nosso lugar. A grande maioria dos problemas que as segundas esposas enfrentam está relacionada à falta de firmeza dos maridos, seja porque estão cheios de culpa e deixam os filhos mandarem neles ou porque não puderam se livrar totalmente da primeira relação e continuam se sentindo responsáveis pela ex.

Infelizmente não existe no mercado de segunda mão uma seção que catalogue os homens por suas características mais notáveis. Seria maravilhoso poder se guiar por letreiros que dissessem: "cheio de culpa", "com tendência à síndrome do retorno", "melhor ex que marido", "ainda processando", "produto *gourmet* da mais alta qualidade". Tenho certeza de que, se a mulher se valoriza e sabe o que é bom na vida, não se importaria em pagar um pouquinho e até muito mais pelo equivalente a um produto orgânico. Refiro-me a um homem livre de todos esses aditivos que sabemos, de antemão, que farão mal a nosso organismo. Mas não, o mercado de segunda mão ainda não está tão avançado. A verdade é que eles já vêm com defeito e só nos inteiramos depois que já fizemos a compra.

A outra realidade é que nesse mercado não aparece nenhum homem antes de ter filho. Todas adoraríamos um divorciado sem passado. Tudo bem que o cara tenha tido um primeiro casamento, mas que ele seja – assim como eu sou, por falta de filhos e pela perda da memória – como um carro com quilometragem alterada. Aqueles que, quando querem se vender como novos, apagam o que foi percorrido e voltam a ser zero quilômetro.

Embora digam que sonhar não custa nada, na hora do segundo casamento pode, sim, custar muitas decepções, além de dolorosas quedas no abismo da realidade. Por mais que quiséssemos que esse passado desaparecesse, que os filhos nunca tivessem nascido, é preciso ser o mais realista possível diante de um divorciado. É a única maneira de ajudar o futuro marido a se impor quando for preciso e, acreditem, isso será necessário com frequência. É um outro problema que devemos acrescentar à lista, considerando a tendência que os homens têm de evitar falar mais grosso.

E, se temos alguma coisa garantida num segundo casamento, é a lembrança constante de que nosso marido amou outra antes e manteve com ela uma vida conjugal. Por mais leviana que seja uma mulher, por mais alheia à realidade e ingênua que pretenda ser, terá essa lembrança mensal, dolorosa e incômoda, que sangrará como qualquer período menstrual – não fisicamente, mas sim na parte econômica. Refiro-me ao cheque ou ao depósito bancário que, a cada 30 dias, acaba na outra casa. Não é novidade para ninguém que as disputas por dinheiro acabaram com famílias e derrubaram impérios financeiros. No caso de uma instituição tão frágil como o casamento, se as regras não forem bem claras, a falência será inevitável. E é aí que a coisa se complica, porque, como diz a letra de uma música dominicana, "por dinheiro o macaco dança".* E, como somos descendentes diretos deles, teremos assegurada uma dança em que preferiríamos não ter de dar nem um passo.

* *Por la plata baila el mono*, Wilfrido Vargas.

Capítulo 8

Até que o dinheiro nos separe

Eu já quis que as coisas pudessem se resolver dançando. Gosto de dançar e faço isso bem. Mas, em se tratando de dinheiro, o assunto é diferente e envolve a tão temida matemática. Para uma pessoa que nunca entendeu por que dois mais dois são quatro, e não seis, o dinheiro no segundo casamento estava parecendo muito mais com uma regra de três composta. Quando me casei pela primeira vez, era uma soma das mais simples. Um mais um, dois. Ambos trabalhávamos, os dois pagávamos e tudo era dos dois. Tenho de admitir que a parte mais pesada recaía sobre meu marido, mas, como sou produto da cultura do sustento, eu achava, e continuo a achar, que o homem tem de ser o responsável por tudo, e meu dinheiro é, digamos, para... mudar as cortinas.

Então, para o segundo casamento, é preciso uma matemática bem avançada. É necessário somar, subtrair, dividir e até multiplicar. Somávamos o que ganhávamos, subtraíamos o que ia para a casa da ex, multiplicávamos a futura herança entre filhos e a futura mulher, e havia que se dividir claramente os lucros que nos precediam. Ou seja, aguardavam-me operações de altas finanças. Só me restava pedir que, entre todas essas multiplicações, não entrasse na tabuada do sete. Nunca pude aprendê-la e, durante meus anos jovens, mais de uma vez isso foi motivo para bebedeiras. Havia um jogo que consistia em dizer a tabuada. Quem perdia tinha que dar um grande gole de alguma bebida. Eu suava frio rezando que não ficasse com o sete. Quando acontecia isso, acabava com a garrafa inteira no meu sistema sanguíneo. Acho que até hoje minha mãe deve pensar que era uma desculpa para tomar um porre. Mais de uma vez ela me disse: "Então aprende a multiplicar o sete. Afinal de contas, você não é nenhuma imbecil, já que pôde aprender o resto da tabuada." Mas, pelo visto, eu era, porque continuo sem poder avançar do 7x1 nem voltar do 7x10.

No segundo casamento, minhas parcas habilidades matemáticas mais uma vez conspiravam contra mim. Minha única saída seria acrescentar à lista de presentes uma dessas calculadoras supersônicas que resolvem os problemas mais complicados. Bom, nisso ela teria bastante utilidade. Afinal, o motivo para tantas averiguações sobre os segundos casamentos era justamente minha mania irreprimível de tirar conclusões sobre tudo que acontece comigo. A prova estava ao alcance dos meus olhos. Meus amigos e amigas que voltaram a se meter em questões conjugais fizeram isso sem se questionar tanto. Mergulharam sem pensar duas vezes e, uma vez dentro d´água, decidiram como nadariam. Eu não conseguia. Por vício pessoal e profissional, tenho a imperiosa necessidade de entender todos os meus processos e saber para onde vou. Entretanto, estava descobrindo que aquela história de que a ignorância é atrevida transforma-se em grande aliada nos segundos casamentos.

Aliada entre aspas porque, quando eu já tinha decidido que a melhor coisa era me fazer de idiota, o pouco ou o muito que aprendi com as relações em todos esses anos de estudo me enviava advertências. Não tinha outra opção a não ser fazer outra operação matemática e dividir os estados de idiotice. Fazer-me de idiota em relação à ex e talvez em relação aos filhos poderia ser benéfico. Mas, em se tratando de dinheiro, estamos falando dos tabus que destroem as relações.

Fazia anos que eu estudava o assunto, e não podia ignorar os sinais de perigo. A família do marido, o sexo, os vícios, os extremos na personalidade, as diferentes formas de ver a vida e o dinheiro são considerados tabus nos casais. Isso quer dizer que são parte da vida diária e, quando não se fala claramente deles e optamos por fingir que não existem, levam à ruptura. No momento em que você teme falar com seu marido sobre sua sogra, os problemas sexuais ou sua tendência a beber ou gastar muito, com medo de uma relação agressiva e desconfortável, nesse exato instante as coisas desmoronam. Se uma mulher não é capaz de expressar livremente suas inquietações com o marido significa que esse casamento tem problemas, e graves. Nesse caso, não resta outra opção a não ser pegar o touro pelos chifres, como costumam dizer. O problema é que eu não era capaz de domar um touro e nem sequer um bezerro.

Analisando a questão, a verdade é que a situação tinha de estar muito complicada para que a primeira coisa que me viesse à mente fosse essa imagem. Pensar que temos de pegar um touro pelos chifres quer dizer que o problema que temos nas mãos é grande e perigoso como uma tourada. Imagine, para enfrentar um touro é preciso capote, espada e várias pessoas em volta para cuidar do toureiro caso tudo falhe e o matador acabe sendo morto. Tudo isso sem contar com as ajudinhas divinas de um monte de virgens e cristos que se especializam somente em cuidados aos toureiros. Então, quais eram para mim os equivalentes ao capote e à espada? Onde estavam meus auxiliares para cuidar de mim no caso de o touro me derrubar? As respostas a essas perguntas não eram nada agradáveis, porque infelizmente sou parte da geração da mudança e tudo que me inculcaram sobre a administração da economia familiar entrava na categoria do obsoleto. Sentia como se estivesse disputando um emprego com uma formação tão fora de moda como taquigrafia, bordado manual ou qualquer dessas habilidades que hoje em dia só servem para lembrar dos velhos tempos.

Nunca vi, na minha casa ou na casa dos meus avós, divisão de bens ou mulheres se preocupando com esses assuntos. A não ser que faltasse dinheiro. Aliás, sempre considerei que, quando a mulher não gasta, o marido não progride. Quero dizer que os homens precisam ser incentivados na obrigação de produzir para não se acomodarem. Para mim, ser sustentada foi e continua a ser o estado ideal. E tenho que ser sincera. Depois de onze anos me mantendo sozinha, tenho urgência de um homem que faça de mim uma mulher decentemente despreocupada com assuntos econômicos. Quando as contas ficam no meu pescoço, sonho em me transformar em uma dessas esposas que vivem assinando cheques sem se importar com os fundos porque pensam que, enquanto houver cheque, significa que há dinheiro no banco. Ou uma dessas que usam o cartão de crédito a torto e a dinheiro sem saber quanto gastaram porque quem paga é o homem da casa. O que disseminaram em mim foi que dinheiro não era coisa de mulheres, que esse departamento era de exclusividade masculina e que as mulheres de bem não tocam nesses assuntos. O máximo que ouvi minha mãe dizer sobre o tema foi uma frase lapidar para pensarmos quando fôssemos casar: "Lembrem que, quando a fome entra pela porta, o amor sai pela janela". Uma forma muito sutil de nos informar que deveríamos escolher um bom provedor e que deixássemos de romantismo porque não é só de amor que o homem vive.

Por isso, até hoje me custa enormemente falar de dinheiro e, ainda mais, entender que é parte vital das relações modernas. Entre as coisas que me deixam mal na famosa libertação feminina é que, embora tenha nos ajudado a avançar em muitas coisas, deitou por terra nossa deliciosa economia. Foram-se os maravilhosos tempos do "meu dinheiro é meu e o seu também". Nessas épocas em que eles trabalhavam, trabalhavam e trabalhavam, havia um patrimônio que seria sempre nosso. Um passado em que as mulheres sabiam que cuidar do lar e dos filhos era trabalho suficiente e não se sentiam menores por ser donas de casa. Tampouco se via um sinal de necessidade de se realizar profissionalmente. O papel que cumpriam como donas e senhoras do lar garantia a elas a satisfação pessoal e profissional.

Porém, a dura realidade é que, no meio do meu caminho, ocorreu uma libertação feminina e calhou de eu viver num mundo totalmente diferente do que me descreveram. Sou daquelas mulheres que têm necessidade de trabalhar e se realizar. E, para piorar as coisas, estou entre as que descobriram que talvez essa vida de mãe e esposa não seja para todas. Para ser mais exata, talvez não seja para mim. Contudo, continuo sendo das mulheres que consideram de mau gosto falar de dinheiro e que pensa que algo tão mundano não deve se misturar com amor. Um grande erro, porque fazer contas não só conserva as amizades, como tem o mesmo efeito nas relações.

Se lembrasse de tudo que aprendi sobre o dinheiro e as relações, deveria ter em mente que, nesse aspecto econômico, existem personalidades, comportamentos herdados da relação dos pais e também os adquiridos no primeiro casamento. Isso volta com toda a força. Ok, podia considerar o fato de que estava certíssima quanto ao tipo de personalidade econômica que me agrada. Como cresci em uma casa onde o chefe de família é um homem generoso, que nunca questionou os gastos de minha mãe e ainda por cima não suporta coisas baratas, considero que o pão-durismo em um homem é um defeito tão incômodo como o de ser mulherengo. Esses homens zuras me deixam mal e, ao longo dos anos, concluí que esse defeito tem a ver com questões que vão além do dinheiro. Para um homem ser um bom amante, tem de ser uma pessoa generosa. Alguém que é incapaz de dar com a mão também não pode dar com o resto do corpo. Entretanto, tenho de admitir que até o homem mais generoso pode mudar de personalidade diante de uma mulher perdulária e esbanjadora. E é aqui que entram os comportamentos adquiridos porque, se a mãe ou a ex do meu futuro marido tinha sido uma dessas, uma luta aguerrida me esperava contra essa imagem feminina que, para ele, representava todas as mulheres, incluindo eu.

– O melhor nesses casos é a mulher se fazer de pão-dura – me disse minha mãe um dia que conversamos sobre o assunto.

– Como se fazer de pão-dura?

– Você acha que seu pai me daria o dinheiro que dá se achasse que eu vou desperdiçar? Não, filhinha, se ele está tão tranquilo em relação a isso é porque sabe que vou fazer bom uso.

– Não sei. Me parece de cara que é um jogo meio sujo. Por outro lado, como é que eu posso bancar a pão-dura se é algo que eu detesto?

– Você também não precisa ir ao extremo. Se você acha grave, tente a versão suave e culturalmente aceitável: passe por econômica. A ideia é que, logo no início, ele perceba que não está com uma mulher perdulária e se tranquilize. Além do mais, acho que você não se lembra bem o que é um casamento. Não tem nada de jogar sujo, minha filha, mas um casamento está cheio de meias verdades.

Neste caso, a verdade completa é que, para meu pai, foi fácil relaxar porque, embora minha mãe não queira reconhecer (ninguém com esse pequeno defeito reconheceria), ela é, sim, meio pão-dura. Por isso não teve que fingir. A boa notícia para mim é que, de fato, sou econômica e, entre as coisas da vida que me dão nojo, é o desperdício de dinheiro. Mais do que parte da minha personalidade, acho que é um atributo ligado à minha consciência social, que não me permite gastar tranquila. Qualquer despesa desnecessária ou superficial me leva imediatamente a me torturar pensando na quantidade de gente no mundo que não tem o que comer.

– Você também vai se torturar, mas com a consciência familiar, que é um outro tipo de consciência. Você vai pensar que o que você não gasta está sendo torrado pela ex – disse uma das veteranas, como um balde de água fria. – Isso mesmo, não me olhe com essa cara. É a realidade. Quando se separa, um homem tem a obrigação de continuar sustentando não apenas seus filhos, mas também a ex-mulher, no mesmo padrão de vida a que ela estava acostumada. Falo dos casos em que ela não trabalha ou ganha muito menos, que são a maioria, porque, neste mundo de homens, eles continuam ganhando mais, mesmo que tenham o mesmo trabalho. Por isso, considero que a sua consciência social vai se perder diante de outra consciência, essa que diz que a injustiça começa em casa.

E eu que pensava que era a caridade que começava em casa. Não estava entendendo mais nada. Éramos duas na condição de sustentadas e como com os homens a corda sempre arrebenta do lado mais fraco, certamente, se alguém fosse ficar bem, mais bem sustentada, não seria eu. Esse dinheiro que sairia todos os meses rumo ao bem-estar das crianças se desviava por caminhos tortuosos.

– É isso mesmo – comentou outra das minhas companheiras do clube de segundas mulheres. – É horrível. Depois você pensa em como vai se sentir quando não puder comprar o sapato que está namorando há dias porque sabe que é um gasto desnecessário e as coisas não estão para isso, mas, no meio do caminho, você fica sabendo que a ex, que tem um ou outro trabalhinho por aí, está fazendo um safári na África.

– Morreria.

– Não, não morreria. Com a raiva que sente, você compra cinco pares de sapatos, leva para casa, esconde como se fosse uma ladra, e de noite abraça seu marido se sentindo superculpada pela gastança e pelo engano. No dia seguinte você volta e devolve os sapatos pensando nos leões, nos tigres e nas zebras que a sujeitinha deve estar vendo com o seu dinheiro, mas, acima de tudo, que ele deve estar ainda mais incomodado do que você, mas tem as mãos atadas.

E antes fossem apenas viagens, como destacou um amigo vítima dessa situação. O pior é estar consciente de que todo esse dinheiro que você envia não é para as crianças, como você quer acreditar, mas que ele é gasto no que você menos espera. Óbvio que ele é um homem muito decente e, ao dizer "menos espera", está se referindo a uma ex determinada a fazer uma recauchutagem completa com seu dinheiro. Fez todas as cirurgias estéticas disponíveis, manteve-se sempre na última moda e jamais descuidou de trabalhos sociais – cafés da manhã, almoços, jantares e muitos encontros amorosos. Graças a Deus, meu amigo estava casado com uma mulher em quem ainda restava um pouco de humor, se é que isso é possível nesse tipo de situação. E, quando perguntei a ele se não se cansava do comportamento da ex, respondeu: "Eu encaro isso como um investimento. Que se arrume todinha e fique como uma menina de quinze anos. Dou todo o dinheiro do mundo para que alguém se encarregue dela. A partir desse momento, será responsabilidade de outro. Eu também estou procurando desesperadamente um marido para ela e, se o que devo fazer é arrumar o produto, faço isso sem problemas".

É claro que ele não vê exatamente dessa forma e, embora de fato tenha esse propósito (conseguir um marido para ela), não gosta nada que seu dinheiro pague todas as frivolidades da ex. Por vício profissional, tendo a pensar que, mais do que um investimento, o marido da minha amiga está pagando o equivalente feminino de um psicanalista, porque o que essa ex está tentando fazer é levantar uma autoestima que ficou da mesma altura do peito e da bunda, que tem tanto interesse em voltar a colocar no lugar. Mas é muito difícil um homem entender que um aumento de busto e uma lipoaspiração são remédios para a saúde mental.

Para eles, a saúde é algo diferente e tem mais a ver com manter-se fisicamente do que conceitos tão abstratos como a autoestima. Digo isto porque, aparentemente, entre os problemas que ocorrem nos segundos casamentos, o dos seguros de vida e planos de saúde está entre os mais delicados. Pelo menos é o que soube com minhas amigas casadas pela segunda vez.

Custa muito para elas entender que eles continuem pagando o seguro de vida e o plano de saúde para as ex (leia-se mais uma subtração, porque esse dinheiro vai à parte da pensão). Para os ex-maridos é questão de paz mental, o equivalente à nossa autoestima. Se acontece alguma coisa com sua ex-mulher e ela não tem plano de saúde, isso não só repercute nas crianças, como também o mais provável, e perdoem a redundância, é que eles arquem com a conta. Com o seguro de vida ocorre algo parecido. Caso a ex morra, o dinheiro vai para as crianças, que são o que resta na família. Esse caso, sim, é muito parecido com um investimento em que o dinheiro não está perdido, embora tenha um prazo desconhecido. Uma espécie de lavagem de dinheiro ao mais puro estilo matrimonial.

Tenho que admitir que, embora não faça sentido lógico dar seguro a uma mulher que não tem mais nada a ver com nosso marido nem conosco, os filhos tornam isso válido. E, nesses casos, creio que, mais do que simplificar suas vidas, os homens tendem a ser práticos e pensar no bem-estar de seus filhos.

– Tenho dúvidas sobre sua teoria – disse minha amiga casada com um divorciado sem filhos.

– Como assim? Você não acha lógico que ele pague os seguros porque a saúde da ex-mulher é importante para os filhos?

– Sim, isso me parece sensato. Mas como você explica que meu marido, que já estava divorciado há cinco anos e não tinha filhos, continuasse pagando seguro de vida e plano de saúde para sua ex?

– O quê?!!!

– Isso mesmo. Não sei o que me deu mais raiva quando soube: o fato de continuar pagando ou que essa mesma mulher fosse a miserável que, quando os dois se separaram, teve a generosidade de dar para ele uma xícara, um prato, um garfo, uma faca e uma colher que, claro, não podia ser de sopa, porque ele não tinha direito a isso. E o pior é que, para ele, era tudo normal. Além disso, ele estava agradecidíssimo por ela ter sido tão generosa.

– E você fez o quê?

– Fiz ele cair na real da única maneira possível. Coloquei o dedo na ferida e disse que aquele jogo de pratos unitário não era um ato de generosidade dela, mas sim uma sacanagem, e que já era hora de parar de pagar o ginecologista para a ex se manter vaginalmente saudável para os namorados dela.

Não contente em ter restituído a lucidez do marido, decidiu que não seria tão simples como dar os restos de um jogo de pratos para qualquer um. Deixaria claro que, além daqueles gestos de generosidade, a saúde dela também não era mais necessária.

Para mim, a mensagem também estava muito clara. Nos segundos casamentos, dois mais dois nem sempre serão quatro. Por mais lógicos que certos comportamentos pareçam, eu não devia esquecer que dinheiro significa poder e, no caso dos homens, essas palavras têm bastante importância. Ainda mais se acrescentamos outro ingrediente: a conveniência masculina. Sim, o ingrediente de sempre, esse que, com o propósito de manter um clima pacífico e posar como os salvadores, leva-os a sempre dizer sim. Afinal, ao contrário do que muitas mulheres pensam, os homens, mais do que maus, pecam por inocentes ou covardes. A prova estava em muitos dos segundos casamentos que me cercavam, em que as mulheres não se contentavam com a pensão e pediam constantemente mais dinheiro para gastos extras. Aparentemente com medo de que uma resposta negativa pudesse afetar a relação com as crianças, eles acabavam cedendo aos caprichos da sujeita. E digo aparentemente porque acho que isto tem a ver com a síndrome do príncipe encantado que precisa resgatar uma cinderela angustiada não mais por ter de limpar o chão, mas pela terrível situação de não poder comprar uma caminhonete Mercedes Benz. O problema é que eles esqueciam que a mulher que deveriam resgatar num cavalo era a nova.

Onde diabos está o conto de fadas do príncipe com mais de uma princesa? Seria o da Branca de Neve, que, apesar de ter pretendentes anões, continua querendo que seu primeiro príncipe resolva seus problemas dentais?

Mas este era o meu príncipe, o meu príncipe pessoal, que tanto trabalho tinha me custado encontrar. Como se tivesse vindo num burro e não num cavalo, demorou anos para chegar e eu não estava disposta a dividi-lo. Se eu estava adquirindo alguma coisa no casamento era justamente o direito de exclusividade. Este homem era meu e, portanto, todo tipo de sustento – fosse sexual, emocional ou econômico – tinham meu nome e sobrenome gravados. Os problemas de filhos, família da ex e da própria ex eram inevitáveis, mas eu não ia permitir que meu destino fosse um "até que o dinheiro nos separe" devido a uma ex-mulher empenhada em fazer valer seu direito de antiguidade.

– Quero um contrato pré-nupcial – disse sem meias palavras a meu marido, sem nenhuma ressalva nem suavização do tema.

– O quê? – perguntou, com cara de quem não estava entendendo.

Era óbvio. Quem tinha dinheiro não era eu e ele sabia perfeitamente que meu capital não dava nem para pagar o advogado que redigiria o chamado "pré-nup". Ou seja, o sujeito estava quebrando a cabeça para encontrar as razões para que a morta de fome estivesse cuidando dos seus tostões – ou, o que é pior, achando que eu tinha alguma carta na manga. Mas eu estava tão decidida que a sua cara aterrorizada não me assustou.

– Isso mesmo. Quero um acordo pré-nupcial.

– Perdão, mas não se supõe que um contrato desses seja pedido pela pessoa que tem dinheiro? A não ser que...

– Não, não se iluda. Isso não é uma novela mexicana e não vou, na última hora, revelar que sou a herdeira de uma grande fortuna.

– Então eu não entendo. Quem deveria estar pedindo era eu.

– E certamente você pensou nisso. Não me faça essa cara de "eu? Imagina!". Certamente você pensou, mas achou de péssimo gosto, tinha medo de que eu recebesse mal e achasse que você não me amava o suficiente, que tinha dúvidas de que duraria a vida inteira. Enfim, que você ia ferir meus sentimentos e, que horror, que haveria drama e lágrimas.

Silêncio absoluto. Quem cala consente.

– Ou seja, você realmente chegou a pensar nisso.

– Não, não. Estou um pouco desnorteado. Só isso. Continuo sem entender por que você quer um contrato desses.

– Para ter paz, para começarmos do zero juntos, evitar mal-entendidos e para que o dinheiro não se transforme num problema.

– Hum, vem cá.

Sentei-me a seu lado e ele me abraçou. Bom sintoma. Estávamos falando de dinheiro e sua postura era amorosa. Ou seja, o papo do contrato começava a funcionar a meu favor.

– O que te angustia tanto?

– Já disse. Pesquisei sobre o assunto e, se não tivermos as contas claras, isso pode acabar mal. Não quero que o dinheiro seja a maçã podre do nosso cesto.

– Sei que isso não está sendo nada fácil, mas, enquanto a gente conversar, as coisas vão se arrumando, E, se o que você quer é um contrato prévio, eu faço para você.

– Sim, quero. Juro que não estou apenas falando da boca para fora.

– Bom, me fale então o que você quer que diga o seu contrato.

– Nosso contrato. Bom, quero que diga que tudo o que você conquistou até hoje é seu e dos seus filhos, e o que você conseguir a partir de agora é nosso. Que você redija um testamento deixando claro o que quer fazer com seu dinheiro, que de cara já garanta a seus filhos educação, vamos dizer, até o doutorado. Não sei, eu não entendo muito dessas coisas, mas tenho claro que não quero nada que não me corresponda e não quero, sobretudo, que seus filhos ou você sintam que estou usufruindo de coisas que não são minhas.

O sujeito me olhava fascinado, como se estivesse vendo a Virgem.

– Não olha para mim desse jeito, porque não é a Virgem que apareceu, mas são Judas.

– São Judas?

– Sim, é um santo que cobra comissão. Atende o seu pedido, mas você tem que pagar a promessa. E, acredite, não estou fazendo isso por ser gente boa. Tenho meus interesses.

E tinha. Claro que estava buscando a paz econômica na relação, mas antes de tudo a minha. A experiência me fez entender que as contas claras dão segurança em temas que, para uma mulher, são óbvios (como seu teto), mas para os homens não têm vital importância. Muitas mulheres precisam lutar – sutilmente, é claro – com seus maridos para que eles entendam que as casas no nome dos filhos de seu casamento anterior fazem que elas se sintam desprotegidas. Para eles, a situação tem sentido: os herdeiros do lar, doce lar, são seus rebentos. Só que não são filhos delas e se, por desígnios do destino, os maridos morrerem, as crianças podem colocá-las no olho da rua em algum momento de exaltação. É óbvio que, para um pai, seus filhos sempre serão incapazes de fazer isso. Entretanto, já ocorreu até nas melhores famílias. Parecia-me horrível que, se acontecesse alguma coisa com meu marido, a dor fosse dupla, ao me ver metida numa briga com meus enteados por culpa de dinheiro. Queria chorar meu mortinho tranquila e na minha própria casa.

Por outro lado, minhas intenções continuavam sendo as mesmas. Queria ser sustentada e não ia conseguir fazer isso com tranquilidade se sentisse que estava gastando um dinheiro que não me pertencia. Sonhava com uma relação o mais parecida possível com aquelas às quais estava acostumada. Refiro-me à que tiveram meus pais e à que eu tive no primeiro casamento. Um homem que me mantivesse sem se importar se eu trabalhava e um casal em que o dinheiro também fosse parte do "nós". Estava tentando dar ao segundo casamento conotações de primeiro. Assim como nas relações que resistem à passagem do tempo tudo se divide pela metade, e sabendo de antemão que as duas partes eventualmente acabarão nas mãos dos filhos, desejava que, nesta nova experiência, as coisas funcionassem da mesma forma.

– Eu quero que você abandone essa expressão de que está se casando com a mãe da generosidade – disse para meu amado quando ele contava para todo o mundo, eufórico e orgulhoso, os detalhes do contrato. Aparentemente muita gente, inclusive sua família, o havia aconselhado a fazer isso e o fato de ter sido proposto por mim não só tirava um peso de cima dele como demonstrava que sua futura mulher era desinteressada e pragmática.

– Mas eu vou continuar assim, porque realmente me sinto muito orgulhoso de você. Para outra mulher, isso teria parecido uma falta de respeito, uma desconfiança e para você é uma tranquilidade.

– Sim, mas já disse que não faço isso por você, mas por mim. Porque eu quero ser sustentada em toda a extensão da palavra sem que ninguém, nem você, faça julgamentos sobre meus gastos.

– Pode falar o que quiser. Mas, queira ou não, você está renunciando ao que eu tenho.

– Não, estou assegurando para mim o que vamos ter. De um lado e de outro. Não pense que o seu papel vai ser tão econômico. Espero que você seja muito generoso e que, a partir do casamento, seus presentes venham em caixa de veludo ou em forma de imóveis. Além do mais, também estou pensando que me agrada muito essa cláusula que os famosos colocam.

– Qual?

– A da Catherine Zeta-Jones e da Jennifer López. Essa que diz que, se você me trair, vai para o olho da rua, porque eu tenho direito a tudo. Bom, não a tudo, mas a vários milhõezinhos.

Sua cara passou de "que mulher divertida fui encontrar" a "não estou gostando nada disso". A coisa ficou ainda pior quando eu disse que planejava ser muito fiel. Como bom exemplar do sexo masculino, a possibilidade de a infidelidade ocorrer da minha parte estava fora de cogitação. Para aliviá-lo, disse que, se acontecesse isso, eu renunciaria a tudo. Era o preço que deveria pagar pela minha traição.

Estava provando na própria pele que contas bem resolvidas, mais do que amizades, conservam tranquilidades. Só de pensar no meu acordo pré-nupcial, nas cláusulas que queria incluir e em como tudo se acomodaria para que cada um tivesse o que fosse justo, me sentia como se tivesse tirado um peso de cima de mim. Aliás, estava considerando seriamente estender o contrato pré-nupcial para além de questões econômicas. Fazer um outro tipo de contrato em que estipulássemos as expectativas de cada um para esta nova vida. Não era má ideia se considerarmos que a maioria dos problemas dos segundos casamentos tem muito, mas muito a ver com os sonhos. E, como dizia Calderón de la Barca, os sonhos, sonhos são.

Capítulo 9

Sonhar custa muito

Quem disse que sonhar não custa nada – nem mesmo deitar, porque é possível sonhar de pé – nunca se apaixonou na vida e, muito menos, sofreu o golpe de uma decepção amorosa. Porque cair na realidade dói, e muito. É um fato. Afinal de contas, este livro vem a ser como um epílogo ou a recuperação de uma grande dor. Eu não o estaria escrevendo se continuasse feliz no primeiro casamento e se não tivesse sido vítima do divórcio e do fim das ilusões. Lembro que, quando me divorciei, mais do que a separação do meu marido, o que me fez sofrer foi aceitar que o amor não durava para sempre. O choque foi muito forte porque eu não sentia que um homem havia falhado. Intimamente, eu estava lidando com a decepção existencial de que muitas das coisas em que acreditava sobre o amor não eram verdadeiras. Não errei na escolha do meu companheiro. Meu grande equívoco consistiu em dar por certo que o amor durava a vida inteira e que era um sentimento tão poderoso que era capaz de tudo.

Claro que teria sido muito mais fácil se meu engano se resumisse à escolha do homem errado. Estou convencida de que essa alteração dos fatos teria me levado sem nenhum tipo de questionamento à busca do homem certo e aí a um novo casamento. Mas, como concluí que o problema residia não no marido ideal, mas nas características maravilhosas que atribuíam ao amor, consegui durante anos me manter invicta nos embates com a paixão. A palavra-chave que me distanciou com sucesso do casamento foi realismo e nem sequer me dei o luxo de ser realismo mágico, que era o que me cabia por ter nascido na terra de García Márquez e pela tendência a acreditar mais em fantasmas do que na chegada do homem à Lua. Aprendi bem a lição e não deixei que a magia nem o romantismo me desviassem da sensatez. Por isso, agora, diante da possibilidade de casar de novo, lutava desesperadamente para a magia não comprometer o meu realismo fazendo-me esquecer o quão traiçoeiro pode ser o amor.

Mas estava comprometendo e, o pior, sem me avisar. O encanto me invadia por todas as partes e, quando achava que eu o havia afastado, entrava por outra brecha, invadindo-me sem que eu pudesse controlar os espasmos de breguice e ternura próprios da paixão. E nisso estava meu maior problema: querer controlar o incontrolável, buscar para o amor explicações científicas que o tornassem mais administrável, encontrar uma fórmula que me garantisse que dessa vez funcionaria e eu não voltaria a me ver na dolorosa situação de enfrentar uma separação. Lamentavelmente, ninguém podia me garantir isso e a única preparação possível era eu me libertar dos mitos, ideias e expectativas que, ao não se cumprirem, me levariam irremediavelmente à decepção.

Devia começar dando adeus à ideia romântica de que éramos dois construindo um novo mundo do zero. Os mundos estavam construídos e o caminho a seguir era fazer com que se encaixassem sem morrer antes de chegar à praia. Cada um trazia sua bagagem e, em se tratando de divorciados, não era o mochilão da juventude, repleto de sonhos e vazio de experiências. Nesse quesito, as malas estavam cheias. Meu futuro marido veio com peso demais para meu gosto e eu tinha que me conformar em ajudá-lo com seu excesso. A minha bagagem resumia-se a um volume, grande e não muito pesado, enquanto ele carregava outros dois, sem contar com o resto (ex-mulher, ex-sogros, ex-cunhados) que chegariam por encomenda, mais cedo ou mais tarde. Eu não seria mais a sua única mala, nem, portanto, "a" prioridade na vida do homem que amava. O máximo a que podia aspirar era ser uma de suas muitas prioridades e o mais provável é que frequentemente saísse perdendo diante dos filhos de seu casamento anterior. Para uma mulher, este é um golpe muito baixo, porque queremos ser a princesa do conto de fadas, que nosso marido morra de amor por nós e que não tenha olhos para mais ninguém. Porque, em um segundo casamento, se ficarmos com um pedaço do olho esquerdo, podemos nos considerar bem servidas e devemos nos conformar com esse pedacinho. Ou seja, se quisermos triunfar no segundo casamento, devemos lutar contra comportamentos e necessidades básicas para o ser humano.

É que, independentemente de ser mulher, estou convencida de que o egoísmo e o direito de propriedade são instintivos no ser humano. Afinal de contas, uma das primeiras palavras que uma criança aprende a dizer é "MEU". E esse meu se refere a qualquer objeto e pessoa que ame. Com o tempo, os irmãos e a vida, aprendemos a dividir. Mas estou certa de que, quando minha mãe brigava comigo por ser egoísta e tentava me inculcar a generosidade como um valor importantíssimo para a socialização, não estava pensando que a sua pobre filha teria de compartilhar um marido com uma ex-mulher e umas crianças que não tinham nada a ver com ela. Embora, se eu me remetesse à minha infância, tinha de reconhecer, muito a contragosto, que a experiência não era nova para mim. Por questões econômicas, e pelo pouco consumismo que imperava em minha casa, minha irmã Soqui e eu tínhamos cada uma a sua própria boneca Barbie, mas dividíamos o Ken. De certa forma, o revezamento que fazíamos com o galã era uma brincadeira com o amor. Estou certa de que hoje em dia qualquer psicólogo faria maravilhas com essa situação e ainda me apontariam mais um trauma causado por minha mãe. Não creio que seja o caso, mas devo admitir que o episódio do Ken compartilhado tinha me servido, e muito, para tirar minha mãe de cima de mim quando ela cismava que queria conseguir um outro marido para mim. Diante de sua cantilena, minha desculpa era a mesma. A culpa era dela, porque considerei, desde pequena, que eu e a Soqui não podíamos estar casadas ao mesmo tempo. Minha irmã estava toda feliz brincando com o Ken, e minha vez nunca chegava. Claro que meu comentário, mais do que divertir minha mãe, soava como um tiro no ouvido. Por isso ela ficou tão feliz quando eu disse:

– Olha, talvez o fato de você não ter comprado um Ken só para mim, em vez de me traumatizar, possa me servir para o segundo casamento.

– Que bom – respondeu –, porque hoje em dia qualquer coisa de ruim que aconteça com os filhos, a culpa é da mãe.

– Bom, depende do ponto de vista, mãe. Podemos transformar isso num trauma positivo. Se as coisas derem certo, estarei eternamente grata a você por ter me preparado para dividir o meu segundo Ken com a ex-mulher dele.

– E se não der certo?

– Reza para dar, porque, caso contrário, sinto muito, mas você será duplamente culpada. Além do trauma original, de não me sentir com direito a marido enquanto a Soqui estiver brincando com o dela, teríamos detectado um outro: o de que a experiência foi tão dura que não sou capaz de lidar com um homem que tenha passado pelas mãos de outra mulher.

Porém, mais do que uma mulher obrigada a dividir seu homem, eu me sentia como essas crianças que vão ter um novo irmão e ouvem a mãe falando da chegada do bebê, de como elas têm de ser boazinhas, cuidar dele, emprestar suas coisas, simplesmente porque os pais decidiram ter outro filho. Eu tinha até vontade de repetir para mim essas palavras de consolo com que os pais pretendem animar seus filhos para a chegada dos irmãos, dizendo que nada vai mudar, que eles vão amá-los da mesma maneira, pois têm um coração em que cabem muitos amores. Pois agora eu devia pensar que o coraçãozinho do meu amor era suficientemente grande para albergar todos esses amores acumulados no caminho. Em seu coração e em seu tempo, cabiam muitas prioridades e eu seria uma delas.

Depois de assimilar que a divisão seria uma constante nesse segundo casamento, devia me preparar para enfrentar e descartar outra das grandes necessidades do ser humano. A tendência a agradar todo mundo, a querer que todos gostem de nós para termos uma sensação de aceitação e pertencimento. Mas não. Se queria conquistar os filhos do meu futuro marido com o simples fato de que seu pai se apaixonou por mim, estava, como dizem vulgarmente, confundindo o cu com as calças. Minhas ambições não deviam ir mais além de adquirir isso que chamam respeito e pedir a Deus, à Virgem e a todos os santos que me mostrassem o caminho da verdade, o amor e a entrada no coração dos meus futuros enteados.

Estava sentindo minha condição humana na própria carne. Definitivamente, eu era desses animais que tropeçam duas vezes na mesma pedra. Por si, voltar a pensar em casar já era um tropeção numa rocha, mas nesse caso eu devia evitar a qualquer custo que essa tendência se repetisse em dose dupla e não me enganar com a ilusão de que não era a mesma pedra nem no mesmo lugar nem nas mesmas circunstâncias. A realidade é que o casamento não é fácil, independentemente do número de vezes que você se case. Muitas vezes os erros que cometemos na primeira vez tendem a se repetir. Por isso, os terapeutas e psicólogos insistem tanto que, para entrar em um segundo casamento, é preciso estar em paz com o primeiro, saber em que falhamos e ter muito claro que o fim de uma relação geralmente é culpa das duas partes envolvidas.

Não sei dizer como foi nem explicar o que ocorreu, mas me divorciei. Era a única coisa que podia dizer a respeito. Eu estava tão bem resolvida quanto ao primeiro casamento que era muito difícil descobrir quais foram os erros. Por mais que quebrasse a cabeça tentando encontrar as razões para o término, não conseguia. Depois de onze anos e com a péssima memória que tenho, tendo até a esquecer que fui casada, como disse anteriormente. Por isso, não era tarefa fácil identificar os culpados. Assim, o que menos me preocupa é cometer os mesmos erros, já que, certamente, quando os cometer, serão novos para mim e pensarei que é a primeira vez que estou fracassando.

Parece mentira, mas eu me queixo tanto da idade, da deterioração produzida pelos anos, e no fim das contas eles estavam trabalhando a meu favor. Se eu conseguia através desse desequilíbrio hormonal chamado amor ver as coisas positivamente, o fato de ser uma pessoa madura, com uma vida formada e meus próprios interesses, era de grande ajuda para o segundo casamento. É óbvio que gostaria de ser a prioridade para meu marido, mas não sei até que ponto conseguiria ser "a número um" 24 horas ao dia. Odeio que grudem em mim e a última coisa que preciso é desses homens dependentes como satélites. Preciso do meu espaço e é vital para minha saúde mental que meu futuro marido tenha outros interesses.

Por outro lado, a experiência me ensinou que não há nada mais verdadeiro do que a expressão que diz que não se pode agradar a todos. E o melhor é que esse ditado é recíproco. Ao longo dos anos, aceitei que existe muita gente que me desagrada sem nenhum motivo aparente, sem ter me feito nada. E muitas vezes, como ocorre com muitos atores de cinema e cantores, sem nem tê-los conhecido. Não gosto porque não gosto, e ponto. Por isso, de antemão, já dou como descontada a pressão para que gostem de mim, para que a família e os filhos do meu marido me amem instantaneamente. A vida me mostrou que as relações se constroem e são um investimento que só dá retorno ao longo do tempo.

Da mesma forma, minhas amigas que são mães me mostraram que, em se tratando de empatia, nem mesmo os filhos escapam. Sim, hoje que as mulheres são mais livres para falar de sentimentos que contrariam a nossa suposta natureza maternal e amorosa, muitas aceitam a dura realidade de que, embora amem seus filhos igualmente, tendem a se dar melhor com uns do que com outros. Portanto, se a antipatia ocorre até nas mães biológicas, eu tinha que estar muito idiota para pretender que acharia meus futuros enteados maravilhosos e que a gente formaria a família ideal. A família ideal não existe nem no primeiro, nem no segundo, nem no terceiro casamento.

– Já decidi. Vou, realmente, me casar pela segunda vez – anunciei a uma amiga veterana do clube das segundas mulheres.

– E em algum momento você teve dúvida?

– Como assim? Você não viu que eu vinha estudando o tema há meses para ver se entrava ou não nessa furada?

– Era um esforço inútil. Só o fato de você ter considerado mostra que dessa vez te conquistaram, e de verdade. Ou seja, não puxaram o seu tapete, roubaram. Diante disso, por mais sombrio que possa ser o futuro, nada vai conseguir detê-la. Acredite em mim. Eu vivi isso e todas as minhas dúvidas evaporavam e ainda hoje evaporam quando abraço meu marido. Não tem jeito. O amor é assim mesmo.

– Ou a dopamina.

– Dopamina?

– Sim. A Helen Fisher, uma antropóloga, disse em seu mais recente ensaio que a dopamina é a culpada pelo amor. É um hormônio que dispara no seu cérebro e cria um impulso ainda mais forte do que o instinto sexual. É como uma droga. Dá os mesmos sintomas de vício, necessidade e urgência.

– Bom, então é isso, você está naturalmente drogada.

– Sim, e eu imagino que seja uma dessas sabedorias da natureza. Drogar-se, ficar idiota para ter a coragem de se meter numa loucura como essa. Porque ninguém em plena consciência e sobriedade absoluta cogitaria a possibilidade de um segundo casamento com tudo o que isso implica.

– Mas que bom que você já se conformou com seu destino, mesmo sendo à custa da dopamina.

– E o que mais posso fazer? Estou endopaminada e, como não existe um centro de reabilitação para esse tipo de vício... Bom, a não ser que esse centro seja o casamento. Não dizem que, se você quiser acabar com um grande amor, a solução é casar?

– Então casa, mesmo que seja só para se desintoxicar. Faz isso. Para de pensar tanto. Existem coisas na vida que não podemos controlar e a única forma de realizá-las é mergulhando fundo.

E nisso minha amiga tinha toda a razão do mundo. Porém, eu não podia deixar de pensar que, se ia me jogar na água, precisava, por princípio de sobrevivência, conseguir pelo menos um salva-vidas, uma nadadeira ou qualquer coisa que me ajudasse a flutuar nos momentos mais complicados. Aliás, para um segundo casamento, julgava que até aquele tanque com oxigênio era necessário. Tinha bem claro que não era a primeira vez: as relações humanas, por si só, não eram fáceis e eu estava entrando em um mundo desconhecido para o qual não existem padrões nem modelos preestabelecidos. O amor é assim nesta época que me coube viver, cheio de ex, filhos e famílias anexas. A família como a conhecemos durante séculos deixou de existir. As relações mudaram e a história do "viverão felizes para sempre" transformou-se numa utopia. Se eu queria dar uma oportunidade a esta relação devia me esquecer dos contos de fadas e aceitar de uma vez por todas que é preciso ser criativa com o que a vida nos dá.

Capítulo 10

Com limões, mais do que limonada

Devo confessar que não sou grande fã de limonada. Bom, geralmente não acho muita graça em suco, mas, como certa dose de otimismo é fundamental no casamento, estava preparada para lançar mão das minhas habilidades culinárias. Eu sabia cozinhar, e bastante bem. Por isso, tirei da cabeça a ideia de que o limão só servia para um sucozinho sem graça e pensei em todas as receitas que levavam a fruta. Começando pelo peixe, que sem limão não é nada. Depois, um bom frango ao limão. As carnes, para as quais a fruta é excelente tempero. E, claro, a torta de limão. Esta última significava algo importantíssimo: a possibilidade de extrair doçura de algo muito ácido e amargo. Em outras palavras, de repente me transformei numa fanática por torta de limão. Para mim, era o máximo em matéria de doce. Mostrava que, quando usamos a matéria-prima com inteligência, até de um comentário derrotista podemos obter a excelência.

Se eu não tomasse uma atitude e não fizesse valer as maravilhosas qualidades do meu limão, corria o risco de azedar a saúde do meu relacionamento. Com meu limão eu podia tirar manchas, branquear uma roupa. Podia até desinfetar uma ferida caso estivesse com alguma dor. Havia possibilidades infinitas e, em vez de ver a situação com resignação, eu devia aceitar que o que me fazia duvidar era o medo. Tinha medo – medo não, terror – de dar um passo equivocado, fazer besteira numa idade em que a vergonha não é tão importante diante da realidade de que os ossos já não estão firmes como antes.

"O medo é um sentimento tão forte que nos paralisa", li num livro de psicologia e reconheci meu estado. Estava petrificada e me negava a tomar uma decisão. O que é pior: queria tomá-la, mas não pelas razões erradas.

De certo modo, eu estava sofrendo da maior síndrome que já acometeu minha geração: a de estar perdida em um mundo em que tudo o que vimos, nos ensinaram e inculcaram não tem absolutamente nada a ver com o que eu estava tendo de viver. O casamento não era mais para toda a vida. O "para sempre" tornou-se "enquanto dure". Os filhos da relação não faziam de mim necessariamente uma mãe, e até o belo sonho de envelhecer ao lado do homem que você ama converteu-se em encontrá-lo já velho. Não havia sequer um nome para a nova relação familiar que eu planejava iniciar. Pelo menos no meu idioma, ainda não havíamos encontrado o termo adequado para descrever a união de tanta gente.

Os americanos, que nesse aspecto sempre estão um passo à frente dos latinos, deram um nomezinho para essa confusão de gente: *stepfamily*. Entretanto, muitos não se sentiram confortáveis com esse termo, derivado de *stepson* ou *stepmother* – respectivamente, enteado e madrasta. As razões são óbvias. Historicamente, todos esses títulos envolviam um morto, já que no passado os enteados adquiriam essa lamentável condição por serem órfãos. Quanto às madrastas, já sabemos que não têm boa reputação. Mas, diante da quantidade de divórcios e da reincidência matrimonial nos Estados Unidos, os psicólogos, terapeutas, psiquiatras, autores de livros de autoajuda e todos os que se especializaram no tema se deram ao trabalho de procurar outros nomes, menos negativos, para os segundos casamentos, a fim de que o processo não começasse mal desde o início.

Foi assim que chegaram a termos como *blended families*, *recoupled families* e *reconstituted families*, equivalentes a famílias misturadas, famílias recasadas e famílias reconstituídas. Para mim, o simples fato de não ter encontrado um nome para o ato que eu ia cometer era motivo de grande desconforto. Ainda mais se considerasse que nenhum desses títulos descrevia na íntegra os segundos casamentos. A palavra *blended*, que se traduz como mistura, me lembrava um liquidificador. Isso, o aparelho que eu usava na minha cozinha para fazer sucos e molhos. Não via a possibilidade de misturar todas as pessoas de forma que ficassem completamente diluídas numa vitamina perfeita. Recasar-se também não me parecia uma descrição precisa. Era verdade que eu voltaria a me casar, mas também era fato que, na primeira vez, não havia enteados, nem ex, nem a família da ex. Quando se fala em recasar, refere-se a um par, duas pessoas que voltam a se juntar. Aqui era mais parecido com refamiliarizar-se, com um montão de ingredientes que não faziam parte da receita original. Talvez o conceito com que eu mais me identificasse fosse o de reconstituição. Afinal, a palavra quer dizer compor, estabelecer. E, realmente, eu me sentia restabelecendo uma família, ainda que de forma diferente. Entretanto, não podia deixar de pensar no óleo de fígado de bacalhau que me empurravam quando eu era pequena para ter energia. Minha mãe chamava-o de reconstituinte. Até hoje tenho náuseas só de pensar no velho com o bacalhau no ombro estampado na etiqueta. Sem falar no comercial do produto. Uma tempestade horrorosa e o pobre coitado no meio do mar com seu casaco, lutando contra o vento e as ondas que ameaçavam jogá-lo na água. Enquanto isso, o anúncio nos convidava a tomar o óleo para vencer a tempestade mais violenta. Não! Definitivamente, essa história de reconstituição estava me parecendo muito com os piores presságios para este novo casamento. E, para piorar, tinha o poder de engordar – palavra maldita nesta idade em que vamos perdendo tudo, menos os quilos. Ou seja, não me convinha em nada que a experiência tivesse conotação de reconstituinte, pois para mim significava gosto ruim, náuseas, tormentas e quilos a mais. Conclusão: eu não encontrava um título adequado para o passo que ia dar e, aparentemente, o problema era generalizado porque nem os especialistas no assunto conseguiam achar uma única palavra que definisse a contento os segundos, terceiros e quartos casamentos. E, se eu não podia denominar, como podia efetivá-lo?

Não havia dúvida de que eu era capaz. Os 80% de divorciados que reincidem são uma prova contundente de que, independentemente do nome que possa ter – misturar-se, refamiliarizar-se ou reconstituir-se –, para muita gente é uma nova forma de viver o amor. Foram-se os tempos em que as pessoas se casavam até que a morte as separasse. E nada de copiar as viúvas de antes, que se resignavam a um destino de solidão e abstinência.

Deus nos livre de tanto mal.

Eu não era tão boba a ponto de ser meu próprio algoz e ficar fazendo tricô enquanto a seca se apoderasse do meu corpo. O que estava, sim, era sendo vítima de um processo pelo qual já havia passado, mas que agora se invertia. Refiro-me ao que chamam *remarriage shock*.* Pelo menos é o que diz Mel Krantzler em seu livro *Aprendendo a amar novamente*. ** O título já diz muita coisa. Quando se trata de amar novamente, é preciso aprender. Não é como na primeira vez, que acontece sem que tenhamos de estudar o tema. Mas o importante era que minhas dúvidas, inquietações e temores tinham nome e sobrenome. Assim como sofri o choque do divórcio quando meu casamento acabou – o medo de viver sem a pessoa a que estávamos acostumadas, do novo *status* de mulher livre e da realidade de que, a partir daquele momento, estaríamos sozinhas –, existe o equivalente para um segundo casamento. Desta vez, eu era vítima de todo o oposto. O temor era de perder a vida que construí sozinha. Renunciar à identidade de pessoa independente, que não precisa de outro para ser feliz. Dar meu corpo e minhas emoções com exclusividade para outra pessoa. Dividir meus espaços. Deixar de ser eu para ser nós. E, sobretudo, não dispor do controle da minha existência ao ter de compartilhá-la com outra pessoa.

Para as mulheres, esse choque pode ser muito mais forte, pois na solidão conseguimos construir um mundo e uma identidade sem depender de um homem e sem ser a esposa de ninguém. Uma mulher que lutou para criar os filhos sem a presença constante do pai, que conseguiu erguer um lar sem um marido, considera tudo isso uma conquista, em meio à pressão social que nos obriga a adotar os padrões estabelecidos do casamento. E, embora eu não tivesse filhos, realmente sentia que tinha conquistado uma vida satisfatória, e ouso dizer que

* Choque do recasamento. (N. T.)

** Tradução livre de *Learning to love again*. (N. T.)

até feliz. Por isso, pensar em renunciar a tudo que tanto me custou adquirir me dava medo, para não dizer terror.

A primeira vez que me casei foi fácil. Era jovem, tinha as ilusões intactas e cheguei a repetir os padrões matrimoniais de mulher submissa e esposa devotada. Quase vinte anos depois, as coisas eram muito diferentes, porque não restava nada dessa esposa que fui. Com o tempo, me transformei numa mulher diferente, que, no caminho da solidão, descobriu quem era, quais eram seus gostos e suas necessidades, sem que a presença de um homem interferisse nessa busca e nessas descobertas.

Contudo, ao contrário do que eu poderia supor, todos esses questionamentos e o choque de voltar a me casar eram positivos. Por um lado, havia o fato de que, mais cedo ou mais tarde, muita gente passa pela mesma situação. Ou seja, sofrem um choque, antes ou depois de terem casado. E é melhor ter dúvidas antes do que quando se está na boca do lobo. Por outro lado, também mostrava que eu tinha consciência de que não era a mesma mulher que se casou da primeira vez. Portanto, conhecia com mais clareza as minhas necessidades e o que eu queria na vida. E essa clareza seria fundamental para eu não perder minha identidade na relação. E, o mais importante, para ser capaz de manifestar minhas dúvidas, desejos, frustrações e inquietações à pessoa com quem dividiria meu mundo.

Nesta altura do campeonato, se alguma coisa me cansava, era falar. Assim como minha amiga expressava suas dúvidas tirando e botando a aliança, eu recorria a livros, perguntas, manuais, veteranas do clube das segundas mulheres e tudo mais que encontrasse pelo caminho com o propósito de entender o que me esperava no segundo casamento. De tanto procurar, sem querer querendo, consegui conversar sobre todos esses assuntos com meu futuro marido, transmitir a ele minhas preocupações e estabelecer com muita clareza nossa posição sobre o dinheiro, as famílias de cada um, os filhos, as regras da casa e a relação com a ex-mulher. Evidentemente, isso não significava que não haveria obstáculos, mas ter vencido o medo de falar me ajudava. E, o que era melhor, o cara continuava ali. Apesar dos meus questionamentos e do meu empenho em encontrar milhares de senões nesta nova relação, o homem não fugiu apavorado diante da ideia de compromisso, como teria feito qualquer espécime de seu gênero.

Esta era a grande descoberta da minha busca. Durante meses vivi no futuro, nas dificuldades que enfrentaria, e eis que, no fim das contas, a resposta para tanta pergunta estava no presente. Diante da realidade de um homem que me apoiou, me entendeu, escutou e teve enorme paciência, senti uma necessidade urgente de tomar uma injeção de insulina. A doçura me dominou por completo ao me dar conta da grande prova de amor que meu futuro marido tinha dado durante esse tempo. Ele estava comprometido com a decisão de se casar comigo e esse compromisso era fundamental para lidarmos, no futuro, com questões como dinheiro e filhos.

Essa descoberta me deu uma grande paz. Muitos segundos casamentos terminam por falta de compromisso. São os chamados casamentos pela metade – seres que se unem, mas continuam atados a seus relacionamentos anteriores. Não cortaram o cordão umbilical da culpa e se sentem obrigados a continuar representando o papel de maridos e pessoas que resolvem as vidas das ex-mulheres. Este não era o caso do meu futuro marido. Seu compromisso era comigo e fazia meses que ele estava mostrando isso.

– Acabei de me dar conta de que sua postura durante esse tempo não foi de descaso, mas sim uma demonstração de segurança em relação ao passo que vamos dar. Você não sabe o que isso significa para mim. Nem sei como você pôde me suportar – disse a ele, com um tremendo nó na garganta.

– Não, não é segurança. Claro que também tenho minhas dúvidas, não sou tão ingênuo para pensar que isso vai ser um mar de rosas. Mas quem traz filhos, ex-mulher e todos ex sou eu. Além disso, embora confesse que inicialmente cheguei a ficar angustiado, depois decidi que você precisava saber o que ia encontrar. E pensei que se, mesmo sabendo, você quisesse casar comigo, teríamos chance de ser felizes nessa relação.

Que mania os homens têm de dizer as coisas só depois de a gente quebrar a cabeça de tanto pensar. Mas eu devia admitir que suas palavras eram a resposta que eu tanto havia buscado. Sim, talvez as circunstâncias em que se deu essa relação não fossem as que eu gostaria, mas tinha certeza de que não estava errando na escolha da pessoa. Minha realidade era ele e essa oportunidade não estava sendo dada para uma família, mas a nós dois como casal. Seus filhos, sua ex, sua ex-família e sua família eram peças-chave dessa grande engrenagem. Mas o motor e o combustível continuávamos a ser nós dois.

Afinal, era o princípio básico de qualquer casamento, fosse o primeiro ou o segundo. Não podia negar o fato incontestável de que não começávamos um casamento entre dois e que, de certa forma, já tínhamos uma família preestabelecida. Porém, também era verdade que, com o tempo, o ninho ficaria vazio e estaríamos os dois sozinhos. Meu compromisso era com ele e com o casal que formaríamos. Estava apaixonada. Acreditava que, após tantos anos, finalmente tinha encontrado a pessoa ideal para mim. Sentia a necessidade de dar uma nova oportunidade a esse sentimento. Afinal de contas, o amor nasce e vive entre dois. É a lei da vida.

Este livro foi composto em Janson Text
para Editora Academia de Inteligência
em junho de 2009